RAPUNZEL WELT

Vom nachhaltigen Bauen und wertschätzenden Miteinander

Geschätzte Leserin,
geschätzter Leser,

wenn Sie dieses Buch in den Händen halten und aufschlagen, hat unser Besucherzentrum „Rapunzel Welt" seine Pforten bereits geöffnet. Im Herbst 2022 war es so weit. Natürlich kommt da bei vielen gleich die Frage auf, warum Rapunzel so etwas braucht. Um dies zu beantworten, muss ich ein wenig ausholen und in die Vergangenheit abschweifen.

Rapunzel war seit dem Gründungsjahr 1974 immer schon ein Pionierunternehmen: für den ökologischen Landbau und die Herstellung von Bio-Lebensmitteln. Viele Innovationen und Produktneuheiten können wir uns auf die Fahne schreiben. Der Herstellung von Bio-Produkten ging in den Anfangsjahren ja meist die Umstellung der dazu notwendigen Rohstoffe auf ökologischen Landbau voraus.

Zu einigen Umstellprojekten hat Rapunzel als erstes Unternehmen weltweit beigetragen. Von Haselnüssen in Sizilien über Vanille auf Madagaskar bis zu Kakaobohnen in Bolivien. Unser Anspruch war schon immer, dass alle Zutaten eines Produktes zu 100 Prozent aus ökologischer Landwirtschaft stammen müssen. Nur so konnten wir das weltweit erste 100-Prozent-Bio-Müsli, die erste Bio-Schokolade und den ersten Bio-Nuss-Nougat-Aufstrich – Samba – auf den Markt bringen.

Neben dem landwirtschaftlichen und umweltbezogenen Ansatz war von Beginn an die Idee einer ganzheitlichen und vollwertigen Ernährungsweise Teil unserer eigenen Überzeugung und Firmenphilosophie. Dazu kamen auf gleichwertigem Niveau die Bemühungen im sozialen Bereich, die von einem anderen Umgang miteinander innerhalb der Firma bis zu unserem eigenen Fairhandels-Programm HAND IN HAND reichen. Gründungsmotivation dafür waren nicht nur unsere eigenen Arbeitsbedingungen, sondern auch diejenigen unserer weltweiten Partner. Und die Verwirklichung eines anderen, menschengemäßen und sozialen Miteinanders.

Über zwei Millionen Euro durften wir von der Gründung 1998 bis 2021 an die vom HAND IN HAND-Fonds geförderten Projekte ausreichen. Inzwischen übernimmt die RAPUNZEL Eine Welt Bio-Stiftung die Aufgaben des HAND IN HAND-Fonds, bündelt das bisherige Engagement und verstärkt es. Über sieben Millionen HAND IN HAND-Prämien wurden an die HAND IN HAND-Partner in den Ursprungsländern in der gesamten Zeit der Existenz des Programms als Bonus für ihre Bemühungen überwiesen.

Rapunzel ist also in Sachen ökologischer Anbau und soziales Engagement seit jeher vorausgegangen und hat versucht, Wege zu einem gerechteren Miteinander aufzuzeigen. Dieser Anspruch findet sich auch in der Rapunzel Welt wieder.

Schon immer wollten wir unsere Werte, die Leitlinien unserer Arbeit, unsere dahinterstehende Firmenphilosophie sowie die praktischen Umsetzungsweisen einem Kreis von interessierten Menschen zugänglich machen. Allerdings waren die örtlichen und personellen Kapazitäten unseres bisherigen Besucherkonzepts – mit Vorträgen und einem gläsernen Gang entlang der Produktion – irgendwann zu begrenzt, um noch mehr Besucher auf eine vernünftige Art und Weise empfangen zu können.

Durch den unvorhersehbaren plötzlich möglichen Kauf einer netten, aber leider nicht erhaltungswürdigen, alten Villa mit dem dazugehörigen Nachbargrundstück wurde unsere Fantasie in einer internen Führungskräftetagung derart angeregt, dass sich daraus schlussendlich konkrete Beschlüsse und erste Überlegungen für den Bau eines Besucherzentrums ergaben. Nach ersten konkreten Planungsschritten wurde uns zusätzlich noch ein danebenliegender Maisacker angeboten, der unseren Überlegungen noch mehr Frei- und Gestaltungsraum verlieh.

VIELES WURDE VORSTELLBAR:

- Ein Museum: Nicht nur zu firmenhistorischen Themen, sondern auch – und von größerer Bedeutung – zu übergeordneten Themen der ökologischen Landwirtschaft und einer gesunden Ernährung
- Tagungs- und Schulungsräume
- Eine Bio-Vollwertbäckerei
- Eine Kaffeerösterei
- drumherum ein großzügiges Bistro
- Club und Weinkeller

IM AUSSENBEREICH:

- Ein Tropengewächshaus
- Ein Allgäuer-Bio-Bauerngarten
- Ein großer Abenteuerspielplatz
- Ein „Müsli-Feld", auf dem alle hier kultivierbaren Müslizutaten gedeihen
- Ein weiträumiger „Marktplatz"
- Eine Pilgerherberge für JakobswegpilgerInnen
- Ein Wohnmobilstellplatz

Mit all diesen Erlebnismöglichkeiten möchten wir unseren Besuchern nicht nur einen entspannten Aufenthalt ermöglichen, sondern auch – und vor allem – einen vertieften Einblick in unsere Firmenwelt. Und damit zu einem eigenen, selbstbestimmten und gesunden Leben und Arbeiten ermutigen. Wir möchten aufzeigen, dass es in unserem sozialen Miteinander auch anders und humaner gehen kann.

Das Zusammentreffen mit dem Architekten Herrn Haas im Sommer 2018 war dann der Startschuss in die praktische Umsetzung unserer Visionen und Träume von einem Gebäude, welches diesen eine Heimat bieten sollte. Herr Haas hat uns entscheidend ermutigt, so groß zu denken und ein Testimonial für einen anderen und mutigeren Lebensstil an den Schnittstellen zwischen ökologischem Anbau, gesunder Ernährung und sozialer Verantwortung zu schaffen.

Dass die Realisierung in eine dermaßen herausfordernde Zeit fallen würde, war uns allen zum Zeitpunkt der Grundsteinlegung im November 2019 nicht bewusst und ich würde sagen, das war gut so. So begannen die Aushub- und Fundamentarbeiten noch vor dem Ausbruch der Coronakrise, die alle Beteiligten – und das sind viele Hundert Mitwirkende gewesen – gut überstanden haben. In der Endphase der Bauarbeiten und den anlaufenden Arbeiten an den Außenanlagen traf uns dann die weitaus größere und tragischere Menschheitskrise mit dem Krieg in der Ukraine. Zum Zeitpunkt der Erstellung dieses Buches ist ein Ende dieses unsinnigen Krieges nicht absehbar.

Auch wenn es „Bio" in solchen Zeiten nicht leicht hat und es vordergründig nur noch um Masse und

billig zu gehen scheint, ist die Bedeutung von ökologischer Landwirtschaft und gesunder Ernährung und fairem Handel umso bedeutsamer. Denn diese Aspekte zeigen schließlich Wege auf, wie die Menschheit autarker und mit weniger fossilem Energieverbrauch zukunftsfähig leben und arbeiten kann. In den allermeisten Kriegen auf dieser Welt geht es am Ende um Macht, die Kontrolle von Energie- und Rohstoffquellen und immer wichtiger werdend, um fruchtbares Land als Lebensgrundlage für alle Menschen auf dieser Erde.

Mit unserer Rapunzel Welt möchten wir einen bescheidenen Beitrag zur Wissensvermittlung in diesen Bereichen leisten und dazu beitragen, dass Frieden für alle möglich wird.

Viel Freude bei der Lektüre und beim Durchschmökern dieses Baubuches!

Joseph Wilhelm,
Bauherr, Rapunzel Gründer und Geschäftsleitung

Liebe Leserinnen und Leser,

mit der Eröffnung der Rapunzel Welt darf ich Ihnen einen Ort vorstellen, an dem Sie Bio erleben und an dem sich alles um den Genuss von besten Bio-Lebensmitteln dreht. Auf den ersten Blick einfach ein tolles Ausflugsziel. Auf den zweiten Blick aber auch ein Ort, der nachwirkt und durch den sich in meinen Augen vor allem ein Leitmotiv zieht: unser aller Verbundenheit mit der Natur und unseren Mitmenschen.

Dieser Einklang wird besonders spürbar, weil die Rapunzel Welt mit allem, was sie zu bieten hat, Zusammenhänge herstellt. Die Gäste tauchen von Anfang bis Ende ein – vom Feld bis zum Teller. Im Tropenhaus etwa sehen die BesucherInnen, wie eine echte Kaffeepflanze wächst, und tauschen sich mit dem Gärtner über Südfrüchte aus. Im Museum erfahren sie, wer die Menschen sind, die für Rapunzel Kaffee anbauen und in den Anbaugebieten für eine blühende Biodiversität sorgen. Und wie fairer Handel für die Bauern dort den Unterschied macht. In Kaffee-Workshops werden aus Kaffeeliebhabern Könner und die BesucherInnen sehen live, wie die Röstmeister die Bohnen schonend rösten, bevor sie diese im Bistro genießen und im Bio-Markt hübsch verpackt mit nach Hause nehmen können.

Ein weiterer Aspekt: Die Rapunzel Welt schafft Nähe und geht unter die Haut. Sie macht Bio mit allen Sinnen erlebbar. Ob die BesucherInnen die Musik im Club und Weinkeller hören, wo sie mit anderen Menschen feiern und sich begegnen. Oder ob sie frisch gebackenes Brot schmecken oder bei Yoga-Kursen ein Bewusstsein für den eigenen Körper aufbauen und die Verbundenheit zur Welt spüren. All das macht die Rapunzel Vision von einer lebenswerten Welt greifbar.

Nähe und Zusammenhänge möchten wir für Sie auch mit diesem Buch schaffen. Nicht nur die Lieferkette unserer Lebensmittel wollen wir transparent machen, sondern auch unsere Art zu wirtschaften und zu bauen. Nicht nur das fertige Gebäude möchten wir feiern, sondern auch die Menschen, die hinter dem Bau der Rapunzel Welt stehen. So führte Miriam aus dem Rapunzel Marketing über die gesamte Bauphase hinweg Interviews mit den Handwerkern und Projektverantwortlichen, um die Wertigkeit ihrer Arbeit und all die Besonderheiten, z. B. in Bezug auf Nachhaltigkeit, festzuhalten und für Sie als Leser und Leserin zugänglich zu machen.

Hinter der Rapunzel Welt steht die Überzeugung, dass wir nur schützen, was wir lieben. Über Genuss und Freude zeigen wir in der Rapunzel Welt, wie wunderschön, einzigartig und schützenswert unsere eine Welt ist und begeistern für ein faires Miteinander auf Augenhöhe. Diesen Funken Inspiration wünsche ich mir für die Rapunzel Welt. Damit unsere Vision von einer gerechten Welt Wirklichkeit wird.

Herzliche Grüße
Seraphine Wilhelm,
Projektleiterin und Abteilungsleitung Marketing
bei Rapunzel

VON EINER IDEE, DIE WURZELN BILDET

Beitrag von Martin Haas, Architekt BDA und Partner bei haascookzemmrich STUDIO2050

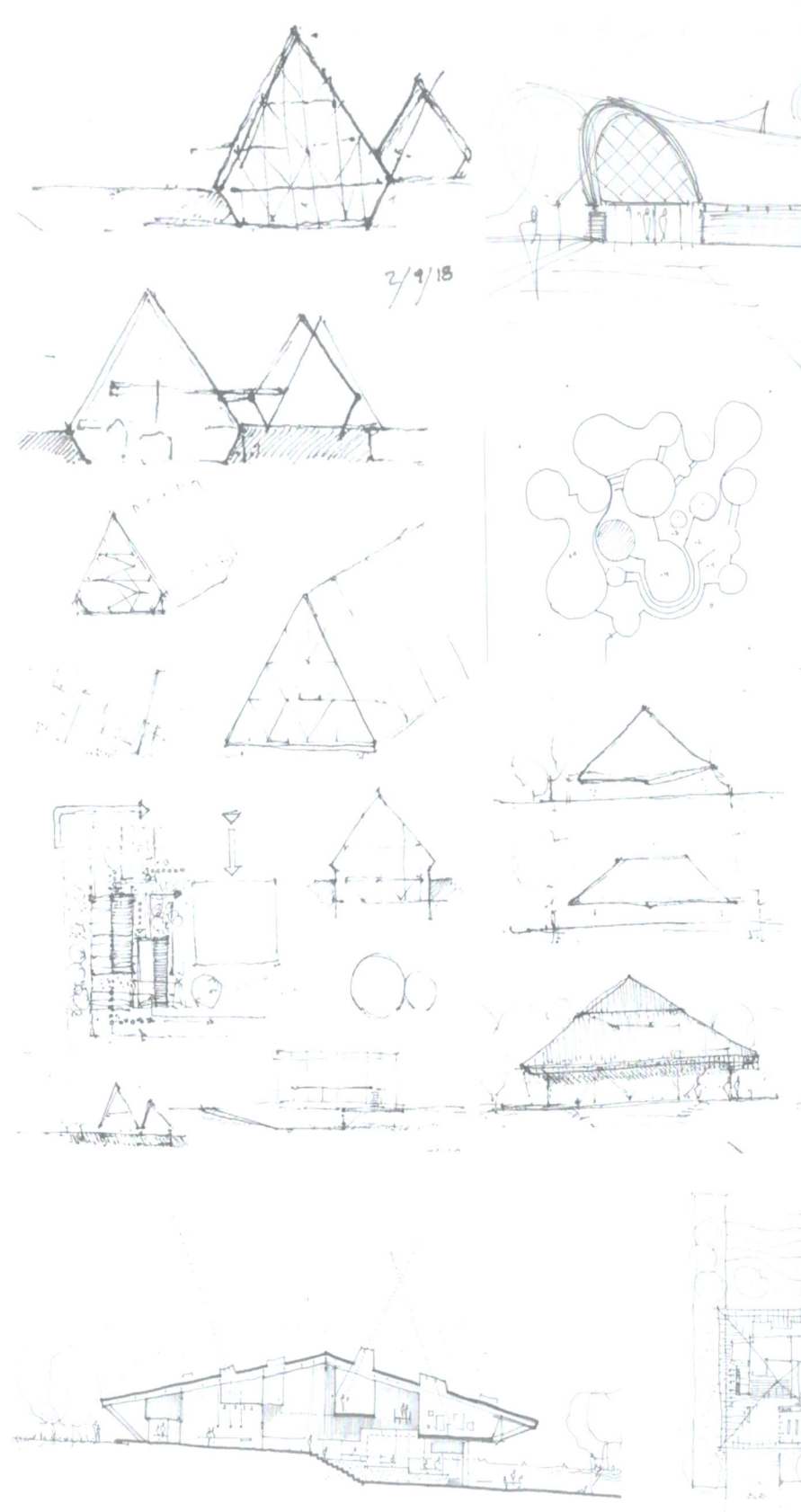

Für uns hat alles im Sommer 2018 im „Radieschen" in Darmstadt begonnen. Bei einem Mittagessen mit Rapunzel Geschäftsführer Joseph Wilhelm und Eddie Münsch von Filgis – nach dem Baustellenbesuch bei Alnatura. Joseph Wilhelm erzählt mir von seinem Plan, für Rapunzel ein Besucherzentrum zu bauen. Eigentlich baue man zwar immer alles selbst und brauche keine Planer, aber bei einem Besucherzentrum wäre doch ein Architekt keine schlechte Idee. Finde ich auch. Die Sympathie ist gleich da. Assoziationen auch. Rapunzel! Sofort sieht man Bilder von langen Zöpfen, Türmen, überwucherten Mauern, verwunschenen Gärten mit einem leckeren Salat und gesundem Essen. Märchenhaft. Die Arbeit kann beginnen und macht viel Spaß.

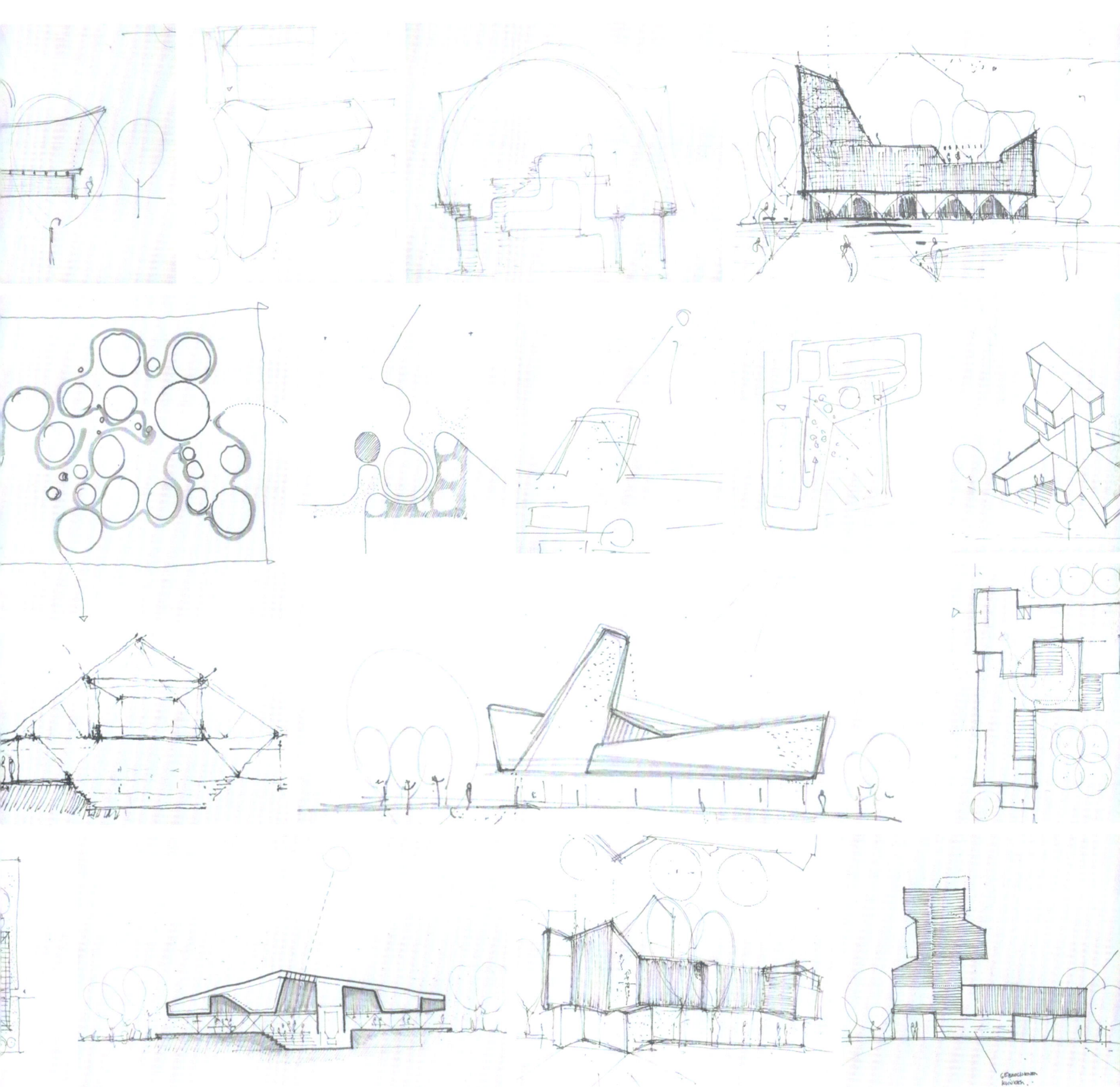

Zu Beginn sprudeln täglich neue Ideen. Es gibt viele Ansätze, die man verfolgen möchte. Das Rapunzel Haus soll so gar kein übliches Haus werden, sondern eher wie ein Märchengarten sein, in dem es lauter Überraschungen zu entdecken gibt. Ein geschwungenes, hölzernes Band, welches sich zu Räumen weitet und Gärten mit schönen Ein- und Ausblicken umspielt. Eine verwunschene Welt, in die man eintaucht und in der man träumen darf.

Ein schöner Gedanke, aber vielleicht doch etwas zu verspielt? Auch fehlt die Mitte und der eine Raum, an den sich alle nach dem Besuch erinnern. Daher ein anderer Versuch mit einem großen, alles überspannenden Dach. Schön, wenn es über dem Boden schweben könnte, sodass es wie ein riesiger Schirm die Besucher schützt, aber die Aus- und Einblicke nicht begrenzt. Denn das Rapunzel Haus soll einladen und freundlich sein. Offen für alle.

So ein weites Dach lässt uns wieder zu staunenden Kindern werden. Hier kann es eine Mitte geben. Die Gauben sind große Räume, über die ein schönes Licht- und Schattenspiel in das weitläufige Atrium

gelenkt wird. Hmm ... Kann ein Rapunzel Haus ohne Turm überhaupt ein Rapunzel Haus sein? Das geschwungene, hölzerne Band des Gartens ist ein schönes Bild, ebenso das schwebende Dach. Doch beiden Ideen fehlt der Auftakt und das Herz.

ES BRAUCHT DEN TURM!

Das schwebende, hölzerne Dach schwingt sich auf zu einem weithin sichtbaren Turm. Von hier kann der Blick frei über die Landschaft schweifen. Der Märchengarten umspielt das Haus und erstreckt sich bis aufs Dach. Eine begehbare Skulptur. Offen und einladend. Neugierig streckt das Besucherzentrum seinen Kopf in die Landschaft. Ein Krähennest als Ausguck für die Gäste.

Das Dach spannt sich weit über das Erdgeschoss und umhüllt und beschützt die Besucher, ohne die Blicke zu begrenzen. Nun kommt alles zusammen: Der liebevoll gestaltete Märchengarten von unseren Freunden bei Ramboll Studio Dreiseitl, das weit gespannte Dach mit den „Entdeckerräumen" und das spannend konzipierte Museum vom Atelier Markgraph. Schließlich der Turm als Landmarke und Auftakt, der dem Ganzen eine Mitte gibt.

Endlich darf auch der Zopf als hölzerne Treppe Einzug halten und jedem helfen, dem Rapunzel Haus aufs Dach zu steigen.

HERZLICH WILLKOMMEN AUF DER WELT: DAS RAPUNZEL HAUS

Zu Beginn ist jede Idee zu einem Haus wie ein zartes Pflänzchen. Jeder Windstoß kann es wieder knicken. Erst wenn es gelingt, dass eine Idee Wurzeln bildet und von allen Beteiligten mit neuen Gedanken genährt wird, kann das Entworfene den zahlreichen Debatten und Anforderungen auch standhalten. Es waren fantastische vier Jahre mit vielen schönen und spannenden Momenten bei der Entwicklung eines einmaligen Hauses.

Wir hoffen, dass unser Rapunzel Haus das Leben seiner Nutzer bereichert, Freude macht und im Laufe eines Besuchs neben der großen Geschichte von Rapunzel auch all seine kleinen Geschichtchen erzählen wird.

1 LEBENSRAUM

ANKOMMEN

BEGEGNUNGSORT

VEREINT

UNTRENNBAR

MITTE

DIE IDEE
HINTER DER
RAPUNZEL WELT

Bio begreifen und zusammenkommen

Im Besucherzentrum Rapunzel Welt nähern wir uns dem ökologischen Landbau und allem, was im weiteren Sinn dazugehören kann, mit allen Sinnen und gemeinsam mit den Gästen – sei es mittels eines Museums, einer Kaffeerösterei, zahlreichen Events oder ganz einfach kulinarisch.

Herzstück des Zentrums ist ein Museum rund um Bio. Bio, das wird oft am Beispiel vom Pionier Rapunzel erklärt. Zu Beginn begeben sich die Gäste daher auf eine kleine Zeitreise durch das Rapunzel Universum. Weiter geht's mit interaktiven Stationen zu ökologischem Anbau, fairem Handel, der Produktherstellung in bester Bio-Qualität, gesunder Ernährung oder der Thematik Lebensmittelverschwendung.

Wer nach der Ausstellung Lust bekommen hat, selbst in der eigenen Küche loszulegen, findet alles, was das Bio-Herz begehrt, im Rapunzel Bio-Markt – vom gesamten Rapunzel Sortiment bis zu Produkten von anderen Bio-Marken.

Gleich neben dem Bio-Markt findet sich die beeindruckende Kaffeerösterei. Hier kann durch eine Glaswand live mitverfolgt werden, wie erfahrene Röstmeister die Bohnen gemäß ihrer Herkunft und mit der richtigen Zeit und Temperatur rösten. Vom ausgezeichneten Geschmack der gerösteten, gemahlenen und frisch aufgebrühten Kaffeekirsche können sich die BesucherInnen im Bistro überzeugen, wo neben Pizza und Pasta frische Backwaren aus der Bio-Bäckerei auf sie warten.

Um zu erfahren, wie eine Kaffeepflanze aussieht, besuchen die Gäste das Tropenhaus.

Es ist Teil der umfangreichen Außenanlagen mit Bauerngarten und Müslifeld. Eine große Picknickwiese lädt zum Verweilen ein, verschiedene Erlebnisstationen und für die Kleinen ein Abenteuerspielplatz lassen keine Langeweile aufkommen. Für JakobswegpilgerInnen gibt es eine Unterkunft und für Reisende Wohnmobilstellplätze.

Das bunte Treiben im Garten lässt sich von der Dachterrasse und dem oberen Stockwerk des Gebäudes wunderbar beobachten. Hier stärken Yoga-Kurse und Kochevents Körper und Geist. Neben Tagesbesuchern sind in der Rapunzel Welt auch größere Gruppen willkommen, private wie geschäftliche. Tagsüber kann in Seminarräumen gemeinsam gearbeitet werden, abends können Kochkurse oder die Bar, Bistro oder der Weinkeller gemietet werden.

Kurzum: Damit es nicht beim Träumen von einer fairen und gerechten Welt bleibt, kommen wir in der Rapunzel Welt mit Menschen aus aller Welt zusammen. Um zu lernen, uns gegenseitig zu inspirieren, Freude zu teilen und mancherorts vielleicht neu zu denken.

MEIN PERFEKTER TAG

IN DER RAPUNZEL WELT

VIER VARIANTEN:

1. BUSINESS

8:30 Uhr	Feines Bio-Frühstück im Bistro
9:15 Uhr	Ihr Meeting oder Workshop in unserem Tagungsraum – perfekte technische Ausstattung und inspirierende Atmosphäre
10:30 Uhr	Kaffeepause mit Aussicht auf die Kaffeerösterei
12:30 Uhr	3-Gänge-Menü im Bistro
13:30 Uhr	Besichtigung des Museums und Lustwandeln im Garten
14:30 Uhr	Ihr Meeting
17:30 Uhr	Einkauf im Bio-Markt oder Pop-up-Store
18:30 Uhr	Ausklang im Club bei Drinks und feinen Antipasti

2. AKTIVE

9:00 Uhr   Bio-Sportlerfrühstück
             (Proteinreicher Sportlerbrei, Bir-
             chermüsli u. v. m.)
Übrigens: Ihr E-Bike können Sie bei uns laden!

10:00 Uhr   Yogaeinheit im Yogaraum

12:00 Uhr   3-Gänge-Menü im Bistro

13:00 Uhr   Führung: Hinter den Kulissen von
             Rapunzel

14:30 Uhr   Kochworkshop (Energy-Balls
             selber machen, Power-Smoothie
             mixen u. v. m.)

16:00 Uhr   Lustwandeln im Garten und Tro-
             penhaus

17:30 Uhr   Einkauf im Bio-Markt oder
             Pop-up-Store

18:30 Uhr   Leichtes Abendessen und
             Ausklang auf der Dachterrasse

3. FAMILIEN

9:00 Uhr	Buntes Bio-Frühstück
10:00 Uhr	Zeit auf dem Spielplatz/Entdecken im Garten & Hängemattenglück
12:00 Uhr	Mittagessen: Pizza, Pasta, Pane – alles, was Kinder lieben
13:00 Uhr	Für die Kleinen: Ruhiges Mittagsschläfchen unter hohen, schattigen Bäumen
14:30 Uhr	Müsli selber mischen/Schnitzeljagd
16:00 Uhr	Für die Kinder: Märchenerzählerin/ Für die Großen: Einkauf im Bio-Markt
17:30 Uhr	Abendessen

4. GENIESSER

9:00 Uhr	Bio-Genießerfrühstück (Porridge, Samba-Brot & selbst gebackene Brötchen)
10:00 Uhr	Bio erleben: Führung inklusive Schaurösterei & Bäckerei, mit Verkostung
12:00 Uhr	3-Gänge-Menü im Bistro
13:00 Uhr	Muße-Spaziergang im Garten und Tropenhaus
14:30 Uhr	Einkauf im Bio-Markt oder Pop-up-Store
17:30 Uhr	Leichtes Abendessen
18:30 Uhr	Kochshow aus dem Veranstaltungsprogramm
21:00 Uhr	Ausklang bei einem guten Tropfen im Weinkeller

EIN BUCH ENTSTEHT:
DREI JAHRE
AUF 224 SEITEN

Den Augenblick festhalten, denn er ist so schön – das wünschen sich nicht nur Reisende. Fern von Altbekanntem und reich beschenkt mit neuen Weggefährten, war auch Rapunzel die letzten drei Jahre auf Reisen. Während dieser Zeit sind wir gewachsen – und tun es noch, wenn sich die Rapunzel Welt mit Leben füllt.

Viele der Geschichten der beteiligten Handwerker und Unternehmen sowie all das gemeinsam Erreichte haben wir versucht – einem Reisetagebuch gleich –, in Text und Bild festzuhalten.
Dafür haben Miriam (verantwortlich für Text und Konzeption) vom Rapunzel Marketing und Fotografin und Rapunzel Gründertochter Justina während der gesamten Bauphase Gespräche mit den am Bau Beteiligten geführt und ihre Arbeit in Text und Bild festgehalten.

Dieses Buch ist kein Fachbuch. Es zeigt aus einer ganz einfachen und menschlichen Perspektive, wie wir uns nachhaltiges Bauen und unser aller Miteinander vorstellen: Voll Vertrauen, Wertschätzung und Verantwortungsbewusstsein für Mensch und Natur.

Die drei Verantwortlichen hinter dem Buch für Konzept, Text und Bild *(von links nach rechts):* **Bild** Justina Wilhelm, **Koordination** Silvana Palazzo-Hopfenzitz, **Text und Konzept** Miriam Jenth

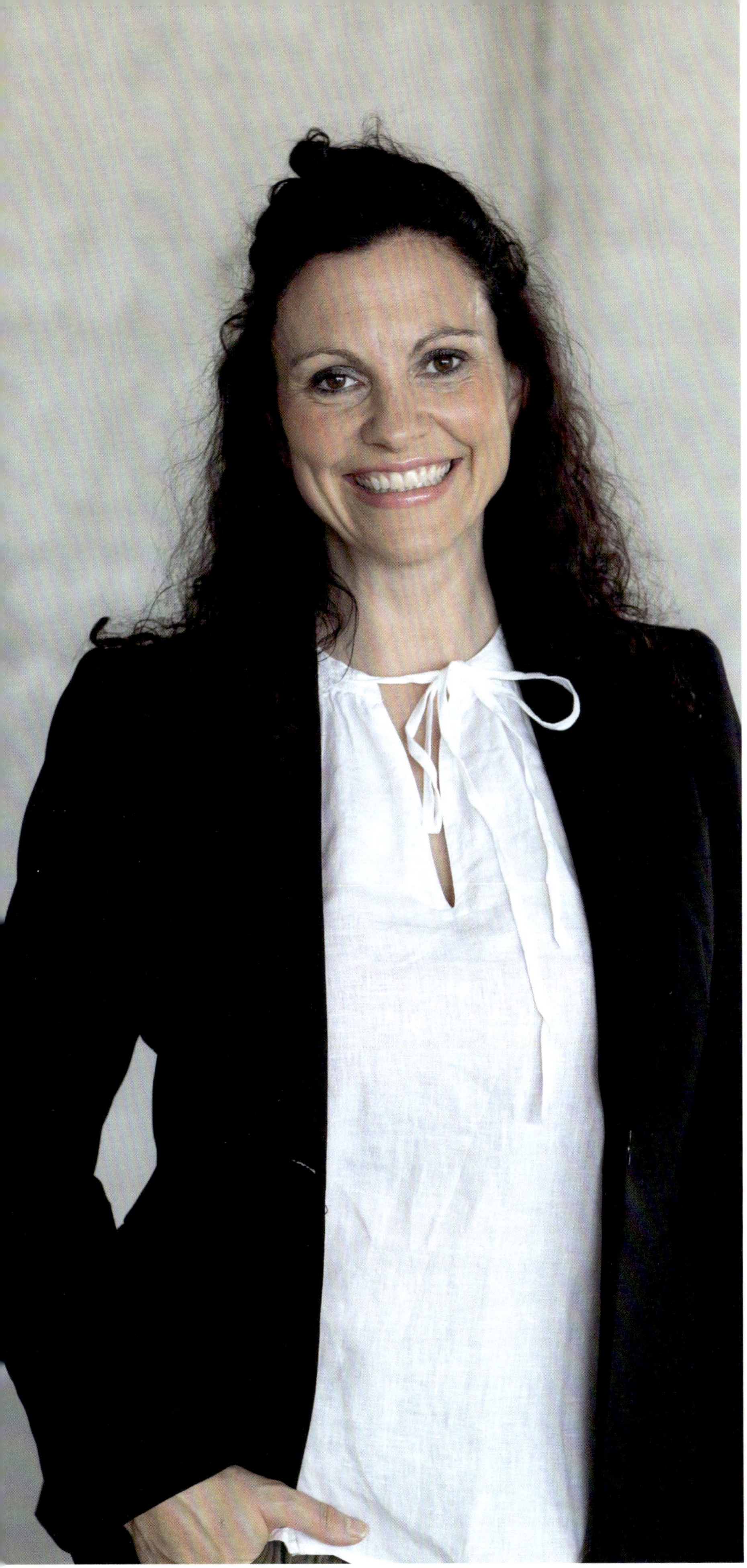

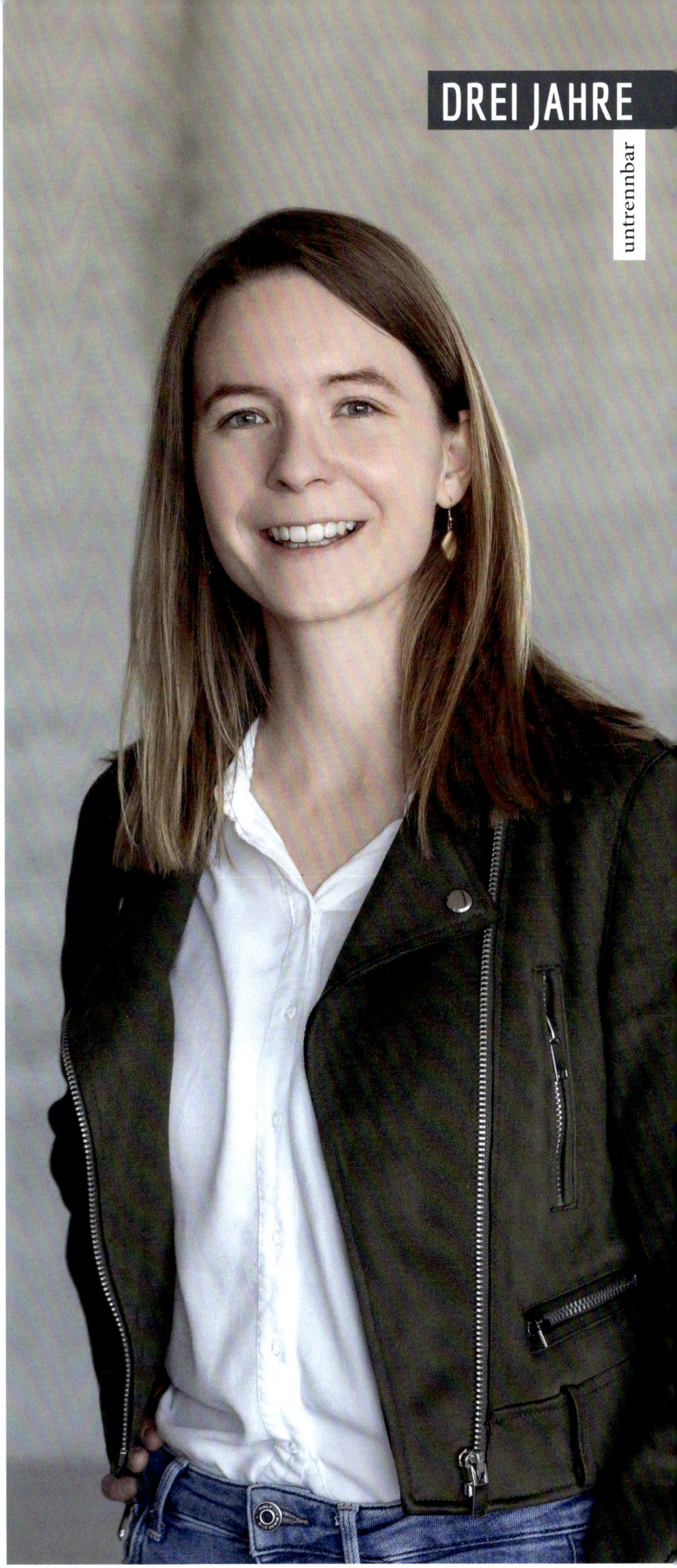

ORGANISCH

SEITE AN SEITE

VERBUNDEN

GEMEINSCHAFT

KANON

MENSCHEN, WELT UND UMWELT
IN BALANCE
Die Architektur der Rapunzel Welt

Die kreativen Köpfe hinter dem Projekt sind die Architekten von haascookzemmrich STUDIO2050. Mit ihren Entwürfen streben sie menschen- und umweltfreundliche Lösungen an. 2019 erhielt das Architekturbüro den Deutschen Nachhaltigkeitspreis. Die architektonische Idee hinter der Rapunzel Welt ist es, Menschen, Welt und Umwelt in Balance zu bringen.

Das bedeutet, dass das Gebäude seinen Besuchern einen Mehrwert liefert und ihr Alltagsleben bereichert, ohne dafür Raubbau an der Natur zu betreiben. Ökologische Kriterien sind daher fester Bestandteil des Konzepts. Ressourcenschonendes Bauen mit einer Rückbesinnung auf traditionelle Baumethoden zieht sich durch alle Ebenen des Projekts.

INTERVIEW MIT
MARTIN HAAS
VON HAASCOOKZEMMRICH STUDIO2050

Herr Haas, Sie haben einmal gesagt, dass das Besucherzentrum den Rapunzel Leitsatz „Wir machen Bio aus Liebe" veranschaulichen soll. Wie manifestiert man ein Motto in einem Gebäude, und woran erkennen das die BesucherInnen?

Martin Haas: Das schwebende, alles umspannende, organisch geschwungene Dachband, die in den Naturraum gestreckten Gebäudeflügel und die sorgfältige Wahl der Baumaterialien werden dem Besucher,

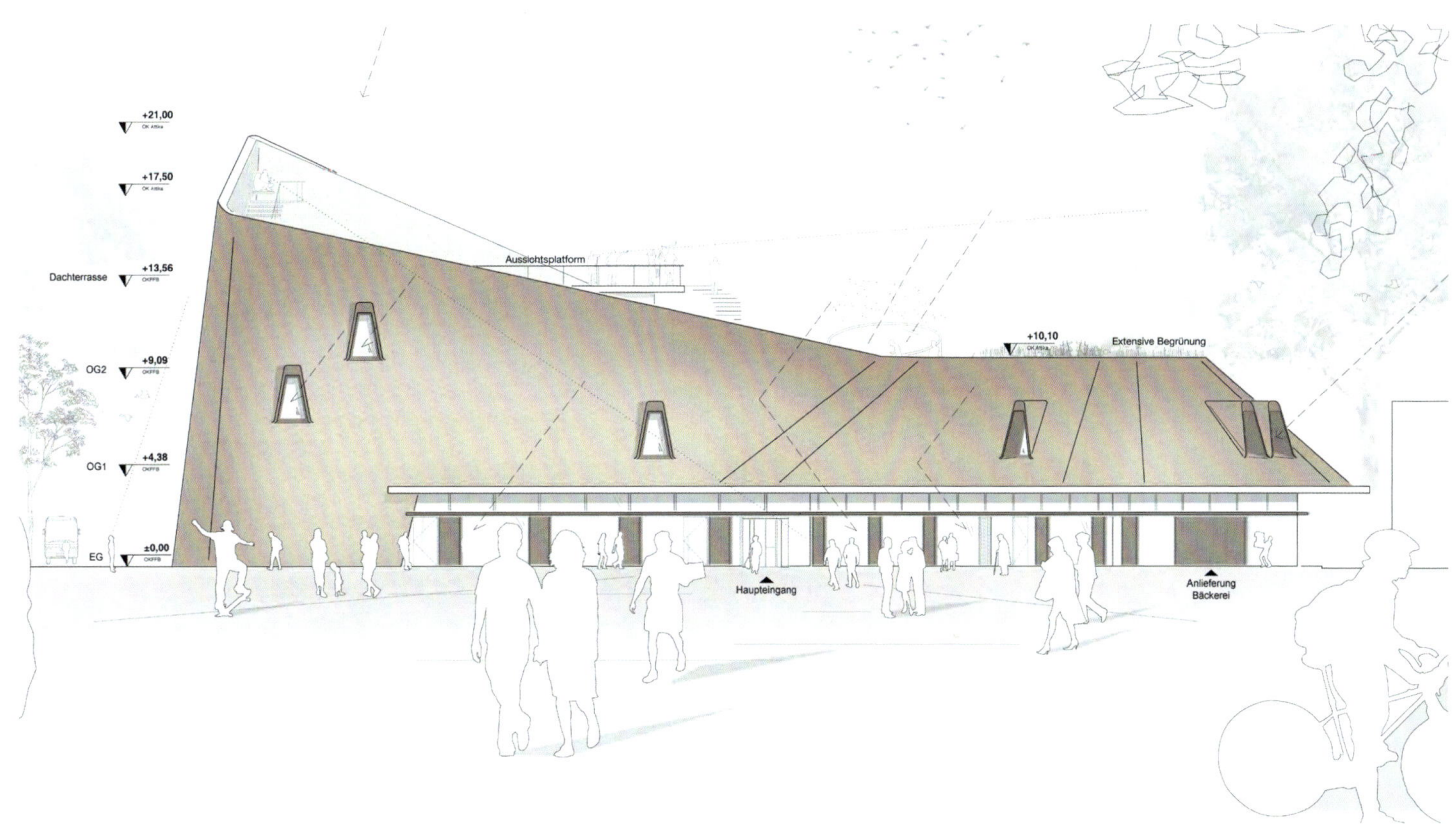

so hoffe ich, unsere Leidenschaft bei der Entwicklung des Besucherzentrums veranschaulichen. Das Gebäude besitzt trotz seiner Größe viel Poesie und Natürlichkeit. Es ist offen und einladend und kann begangen und erwandert werden. Man kann ihm sogar aufs Dach steigen! Es steckt buchstäblich viel Liebe im Detail, und die Hingabe bei der Entwicklung der mannigfachen Erlebnisse eines Besuchs werden von den Menschen sicherlich gespürt.

*Die Rapunzel Welt soll
Bio erlebbar machen.
Welchen Teil trägt die
Architektur dazu bei?*

Martin Haas: Die natürlichen Kreisläufe der Natur zu beachten, ist eine Grundlage ökologischen Landbaus. Im Museum der Rapunzel Welt erfährt der Besucher alles über die Teilaspekte gesunder Ernährung. Vom Anbau über die Verarbeitung bis zum Teller. Diesem Grundsatz einer ökologischen Kreislaufwirtschaft fühlt sich auch die Architektur verpflichtet. Wir haben eine Ökobilanz erstellt und die Materialien nach eingebundener Energie, der Wiederverwertbarkeit und dem Transport gewählt. Nachwachsenden oder wiederverwertbaren Baustoffen wurde, wann immer möglich, der Vorzug gegeben. Selbst die Dämmung des Kellers besteht aus recyceltem Schaumglas.

Die Haustechnik wurde auf ein notwendiges Minimum reduziert und wir nutzen, was uns die Natur vor Ort als Mikroklima zur Verfügung stellt. So wurden die Lage und Anordnung der Räume und die Fensteröffnungen nach mikroklimatischen Gesichtspunkten festgelegt. Der weite Dachüberstand sorgt für eine natürliche Verschattung der tageslichtoptimierten Räume, und wir verzichten weitestgehend auf eine mechanische Klimatisierung.

*Was ist das Besondere an der
Architektur der Rapunzel Welt,
und worauf sind Sie und Ihr Team stolz?*

Martin Haas: Es fällt schwer, einen einzelnen Aspekt herauszugreifen. Ich denke, dass gerade die

*Was müssen sich
die Besucher nach Eröffnung
unbedingt ansehen?*

Martin Haas: Na alles! Die Rösterei und ein herrlicher Kaffeeduft werden den Besucher in der Eingangshalle begrüßen. Der Zopf der Rapunzel in Form der großen, gewendelten Holztreppe will beklettert werden und lädt ein, die drei Geschosse mit dem Weinkeller, dem Museum und der Dachterrasse mit dem Vogelnest und dem tollen Rundumblick zu ergründen. Das Museum ist nicht nur ein Ort der Wissensvermittlung, sondern auch ein Raum der Inspiration mit vielen Mitmachstationen in atmosphärischer Umgebung. Allein dieser Besuch lohnt schon voll und ganz.

Man kann aber auch ganz faul im Bistro sitzen und den Blick durch den Märchengarten schweifen lassen, während frischer Brotduft aus der Bäckerei zum Mittagssnack verführt. Oder gleich im Garten auf der Picknickdecke schlummern, während im Pizzaofen ein Leckerbissen duftet. Darüber hinaus wird der neue Rapunzel Bio-Markt neben dem normalen Sortiment auch viele besondere Waren bieten. Das Haus hat so viele unterschiedliche Erlebnisräume, dass jeder seinen eigenen Lieblingsort schnell findet.

Wenn es dann eröffnet ist, verrate ich Ihnen auch den meinen …

*Herr Haas, wir bedanken uns
für das Gespräch.*

Vielschichtigkeit der Erlebnisräume ein besonderer Wesenszug des Besucherzentrums wird. Das geschwungene, hölzern-tönerne Dachband, welches sich zu einem Rapunzel Turm aufschwingt, wird sicherlich der Hingucker. Diese „märchenhaften" Assoziationen sind erwünscht und steigern den hohen Wiedererkennungswert des Gebäudes.

Das Spielerische setzt sich in den Freianlagen fort. Herzlichkeit und Einladung sind Kriterien, die Joseph Wilhelm und mich bei der Entwurfsentwicklung als Leitmotive sehr geleitet haben. Stolz sind wir dann, wenn die Menschen gerne und wiederholt kommen!

DIE LIEBLINGSORTE
DES ARCHITEKTENTEAMS

„Am liebsten stehe ich auf dem Galeriegang über der Kaffeerösterei und schaue dem lebendigen Treiben zu – von hier aus sieht, hört und riecht man den ganzen Produktionsprozess der Rösterei, und man spürt gleichzeitig die Verbundenheit des Hauses durch das überall wahrnehmbare Holzdach."

Sinan Tiryaki, Assoziierter Architekt/
Projektleitung Hochbau

„Mein Lieblingsort ist die Wendeltreppe, da man auf jeder Stufe etwas Neues entdecken und die Atmosphäre des Gebäudes sowie die Funktionen in ihrer Komplexität und Besonderheit erleben kann."

Lena Götze, Assoziierte Architektin/
Projektleitung Innenausbau

„Mit einem frisch gebrühten Kaffee in der Hand den Rapunzel Zopf hinaufsteigen und auf der Dachterrasse die Aussicht auf die Alpen genießen – das ist mein Lieblingsort im Rapunzel Besucherzentrum."

Lisa Ruiu, Projektarchitektin Projektleitung

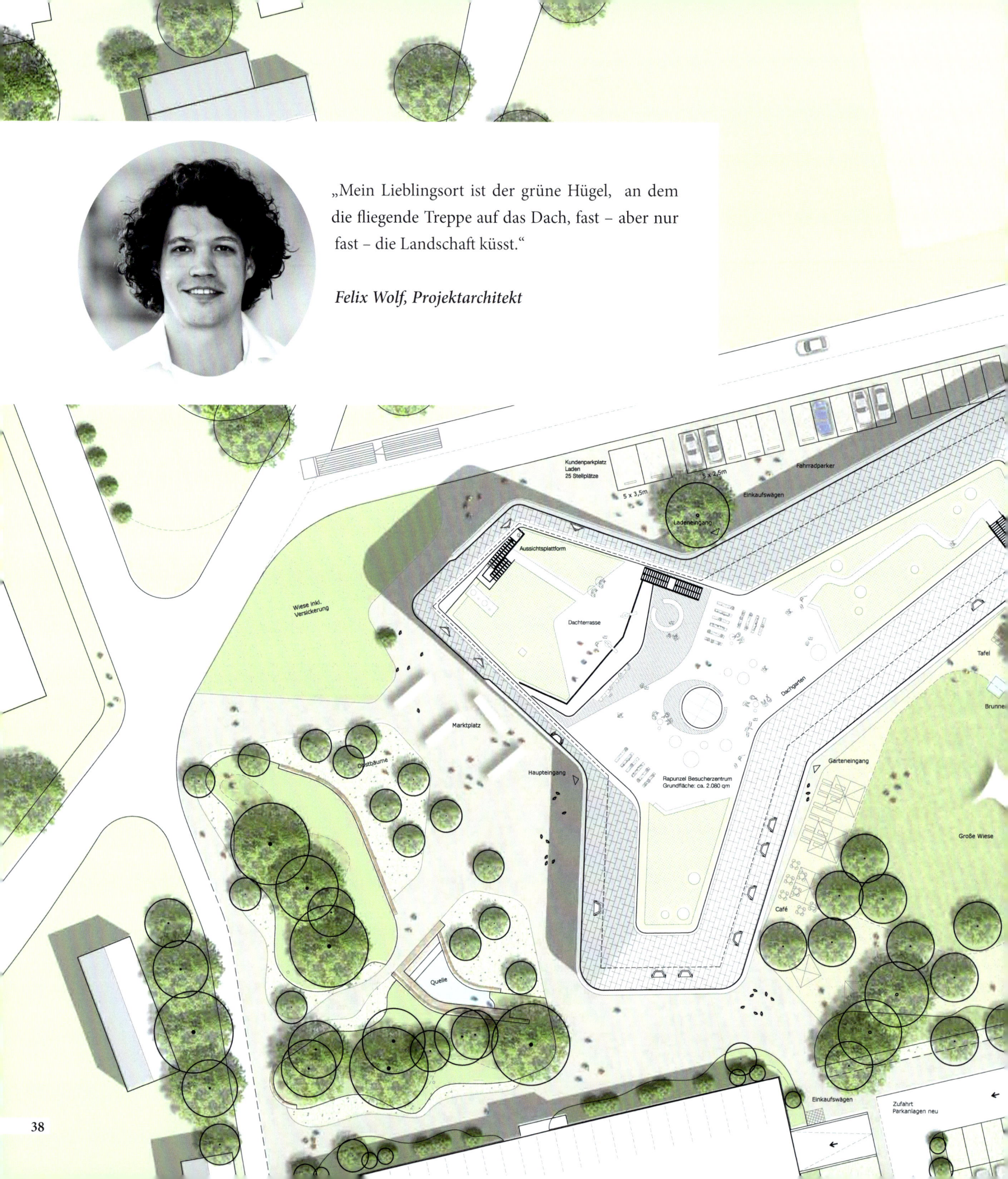

„Mein Lieblingsort ist der grüne Hügel, an dem die fliegende Treppe auf das Dach, fast – aber nur fast – die Landschaft küsst."

Felix Wolf, Projektarchitekt

„Mir gefällt die Verspieltheit des Gebäudes und die sinnliche Erfahrung, die man beim Besuch in der Rapunzel Welt macht. Mit dem Duft nach geröstetem Kaffee und frischem Gebäck als Begleiter läuft man die offen gestaltete Wegeführung entlang, die alles in Verbindung bringt: Landschaft und Architektur, Produktionsprozesse und Genuss. Es gibt immer wieder etwas zu entdecken: ein Wasserspiel, das bei Regen entsteht, eine fantastische Aussicht auf die Berge.“

Katharina Hoppenstedt, Projektarchitektin

„Mein Lieblingsplatz ist auf der Galerie 1.OG zwischen Rösterei, Holzwendeltreppe, Luftraum Cafeteria.“

Ariane Prevedel, Projektarchitektin Ausschreibung

„Im Cafe ist die Lebendigkeit des Hauses besonders spürbar. Und alle attraktiven Orte sind durch die Wendeltreppe verbunden, die mich an den Rapunzel Zopf im Märchen erinnert.“

Yohhei Kawasaki, Projektarchitekt

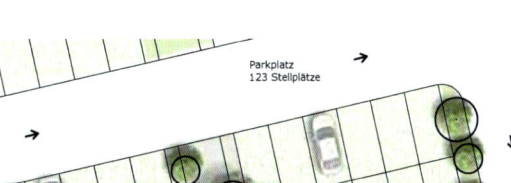

AUF DIESER BAUSTELLE DOMINIERT
DAS WIR

Filgis ist Generalunternehmer (und so viel mehr)
für die Rapunzel Welt

Als Edwin Münsch, Geschäftsführer von Filgis aus Altusried, auf der Baustelle der Rapunzel Welt ankommt, ruft alles an ihm Sommer, Sonne, Sonnenschein – seine Sonnenbrille, sein lässiges Outfit und sein Strahlen. Ehe wir uns versehen, sitzen wir mit ihm auf der frisch gelegten Terrasse und trinken Kaffee, den uns seine Kollegen aus dem Baucontainer bringen. Diese entspannte Aura hat der Chef eines der ältesten Bauunternehmen Deutschlands aber eigentlich immer. Auch wenn er am heutigen Freitag tatsächlich übers Wochenende auf einen Campingplatz fahren wird. „Seine" Baustelle wird dabei aber immer präsent und jederzeit im Blick sein.

Als Generalunternehmer hält Filgis die Hand über das Gesamtprojekt und steuert alle beteiligten Gewerke und Unternehmen bis zu dem Zeitpunkt, an dem das Gebäude schlüsselfertig übergeben wird – Rapunzel also den Schlüssel zum fertigen Besucherzentrum erhält. „Da ist für mich immer ein bisschen ‚Geburtsschmerz' dabei, wenn man nach so vielen Monaten intensivster Bauzeit Schlüssel und Verantwortung in die Hände des Bauherrn übergibt und langsam loslassen muss", erklärt der passionierte Bauspezialist. „Wir sind einfach alle mit ganz viel Herzblut dabei."

SCHLÜSSEL ZUM GLÜCK: KLUGES PROJEKTMANAGEMENT

„Generalunternehmer zu sein, ist die Königsdisziplin in der Baubranche. Da musst du alles im Blick haben und mit großem technischen Verständnis alle Gewerke leiten und begleiten, damit du die Baustelle adäquat führen kannst und damit du weißt,

wo es zu Reibungen oder Verzögerungen kommen kann", weiß Edwin Münsch. Und es braucht gute Vorarbeit, da ist er sich sicher: „Erfolgreiches Projektmanagement beruht für mich auf drei Regeln: zu Beginn des Projekts die nötige Zeit für die Planung nehmen, genau hinschauen, welchem Partner man in der Ausführung sein Vertrauen schenkt, und motiviert und engagiert das Projekt in Interaktion mit dem Bauherrn leiten."

Diese Regeln kennen und beherzigen auch Edwin Münschs Mitarbeiter Alexander Salb und Marco Klein. Sie beaufsichtigen und leiten das Tagesgeschäft auf der Baustelle – definitiv kein Job für schwache Nerven. Die beiden tragen dafür Sorge, dass alles im Fluss ist, die Gewerke wie geplant nacheinander bzw. miteinander arbeiten können und die Qualität stimmt. „Dass hier alles möglichst reibungslos läuft, liegt vor allem an unserer örtlichen Baustellenführung. Alexander und Marco sind zwei sehr engagierte, technisch versierte Kollegen mit großem Fachwissen, die das Projekt zu ihrem machen und sich voll und ganz mit ihrer Aufgabe identifizieren. Da muss ich dann auch mal sagen, dass sie das ein oder andere Thema jetzt loslassen müssen", schmunzelt der Filgis Geschäftsführer.

WERTSCHÄTZUNG UND VERTRAUEN ALS GENERALSCHLÜSSEL

Seit mehr als zwei Jahrzehnten realisieren Edwin Münsch und Joseph Wilhelm gemeinsam Projekte. Was ist ihr Geheimnis für eine so langanhaltende partnerschaftliche Zusammenarbeit? Kurz zusammengefasst: Wertschätzung und Vertrauen.

Getreu dem Motto von Edwin Münsch – „Menschen machen Geschäfte und nicht Unternehmen" – arbeiten Rapunzel und Filgis seit jeher auf Augenhöhe. „Es geht immer um den Menschen, und Joseph hat für jeden und jedes Anliegen ein offenes Ohr, das ist schon nahezu einzigartig", beschreibt Edwin Münsch.

„Wir alle im Unternehmen sind sehr stolz auf unsere langjährige Partnerschaft mit Rapunzel. Den Blick auf die Zukunft gerichtet, ist uns dieses große Vertrauen Verpflichtung und Ansporn zugleich!"

Der zweite Kaffee neigt sich dem Ende zu und wir wollen Edwin Münsch nicht länger von seinem wohlverdienten Camping-Wochenende abhalten. Eigentlich haben wir aber auch alles gesehen: Einen kompetenten Generalunternehmer, der bei aller Verantwortung auf seinen Schultern für jeden, der heute vorbeikam, ein freundliches Wort hatte, und dem es vor allem um eines geht: ein faires Miteinander.

HOW DO YOU EAT AN ELEPHANT? ONE BITE AT A TIME – FILGIS-PROJEKTLEITUNG KOORDINIERT ALLE GEWERKE AUF DER BAUSTELLE

Für ein gutes Miteinander auf der Baustelle sorgen tagein, tagaus die Bauingenieure Alexander Salb (vor allem rund ums Gebäude; im Bild rechts) und Marco Klein (vorrangig im Inneren des Gebäudes; im Bild links) – unterstützt von Matthias Bloching (bei den Wirtschaftsgebäuden; Bildmitte). „Bei so einem ausgeklügelten Gebäude kommt man nur als

Team ans Ziel – also die Projektleitung gemeinsam mit den Architekten und den Handwerkern. Letztere kennen ihr Material einfach am besten und geben wertvolle Tipps für die Umsetzung", erklärt Alexander Salb.

Herausfordernd für das Team war vor allem der hohe Qualitätsanspruch an das Gebäude, seine Rundungen und die Komplexität aufgrund der vielen Funktionen, die das Besucherzentrum erfüllen muss. Für die Rösterei gelten z. B. strenge Hygienevorschriften, für die Bereiche, in denen sich viele Menschen aufhalten, liegt der Fokus mehr auf der Führung der Rettungswege. „Da galt es oftmals einen Spagat zwischen Schönheit und Nutzung zu schaffen", fasst Marco Klein zusammen.

Die Filgis-Bauingenieure sind Meister im Umgang mit Plänen und darin, den Überblick zu behalten – auch wenn der Plan sieben Mal am Tag aktualisiert wird und 70 Personen gleichzeitig im Gebäude arbeiten. „In der Sekunde, in der du den Plan druckst, ist er schon nicht mehr aktuell", lacht Matthias Bloching.

Die wichtigste Eigenschaft der drei ist wohl, stets ruhig zu bleiben. „Es gibt so viele Abhängigkeiten und spontane Änderungen. Da hilft es, die Dinge erst mal sacken zu lassen und den Fokus auf das Wesentliche zu richten."

Bei all der Aufregung ist und bleibt es aber für das Trio Beruf der Wahl: „Es ist schon was ganz Besonderes, wenn du nach Abschluss eines Projekts durch die Gegend fährst und siehst, was du alles schon gebaut hast. Und es ist ein enorm abwechs-

lungsreicher Job, jeder Tag ist anders", berichtet Alexander Salb.

VOM GROBTERMINPLAN IN DIE TIEFE TAUCHEN

Neben dem Grobterminplan gibt es etliche untergeordnete Feinpläne der Fachplaner – also vom Architektenplan runter bis zum Küchenplan. Und auch in diesen Unterbereichen müssen sich die

Filgis-Mitarbeiter auskennen und den beteiligten Gewerken beratend oder korrigierend zur Seite stehen. „Für den Brandschutz klettert man schon mal ins hinterste Loch unterm Dach, weil das in der Detailtiefe auf dem Plan gar nicht darstellbar wäre", sagt Marco Klein.

In ihrem Baucontainer neben der Baustelle – sozusagen der Filgis-Leitzentrale – bemustern Alexander, Marco und Matthias die vom Architekten gewünschten Materialien und schreiben die Leistungen dazu aus. Immer mit der Vorgabe von Rapunzel vor Augen, möglichst regionale Gewerke zu engagieren.

Liebster Ort von Alexander Salb ist im Gebäude das Treppenhaus Süd. Idee der Architekten war eine Kuppel aus Sichtbeton. Viele Zeichnungen und CAD-Planungen von Alexander Salb später und dank dem Einsatz von Halbfertigteil-Elementen, die im Bauwerk verbleiben, thront die Kuppel stabil über dem Treppenhaus.

Marco Klein schwärmt dagegen mehr von der hölzernen Wendeltreppe, die sich von unten bis oben durchs Gebäude windet. „Sie ist für mich einfach ein spannendes i-Tüpfelchen", begründet der Bauingenieur.

ZWISCHEN DEN STÜHLEN
UND DOCH MIT FESTEM PLATZ

Technischer Projektleiter Edmund Haug begleitet für Rapunzel den Bau

„Was genau zählt eigentlich alles zu meinen Aufgaben fürs Besucherzentrum?", überlegt Edmund Haug, technischer Leiter vom Planungsbüro BAU.PLAN21 in Legau. „Im Grunde kümmere ich mich darum, dass alles klappt. Vom Baugrundgutachten über die Beratung des Bauherrn bis zur Planung der Infrastruktur."

Bereits 2018 begleiteten der Legauer und Projektleiterin Seraphine Wilhelm die Renovierung des Rapunzel Betriebsrestaurants. Die gute Zusammenarbeit zeigte: Er ist der Richtige, um gemeinsam die Rapunzel Welt auf die Beine zu stellen: „Nachhaltiges Bauen ist tief in Edmunds Herz verankert. Ihn und Rapunzel verbindet der tiefe Wunsch, mit der Umwelt in Einklang zu leben und dafür das Beste zu geben", berichtet Seraphine Wilhelm.

BINDEGLIED ZWISCHEN BAUHERR, GENERALUNTERNEHMER UND ARCHITEKT

Als technischer Projektleiter berät Edmund Haug Rapunzel Bauherr Joseph Wilhelm und Projektleiterin

Seraphine Wilhelm bei allen Bauthemen und Entscheidungen. Die Baustelle und die Pläne dafür kennt er in- und auswendig und ist seit 35 Jahren in der Branche tätig. Aber Edmund Haug begleitet nicht nur auf der Rapunzel Seite. In dem Dreieck aus Bauherr, Generalunternehmer und Architekt agiert er als eine Art Vermittler, der dafür sorgt, dass alle Räder geschmeidig ineinander greifen. So vertritt er die Wünsche des Bauherren beim Architekten, übersetzt dessen anspruchsvolle Pläne für den Auftraggeber und sorgt dafür, dass die Ideen

im finanziellen Rahmen bleiben und für den Generalunternehmer und die Handwerker umsetzbar sind. Auf der Baustelle steht er allen mit Rat und Tat zur Seite.

Wie schafft man es, zwischen den Stühlen zu sitzen und trotzdem einen festen Platz zu haben? „Diese Position musste ich auch erst finden, mich vortasten und auf alle einstellen", berichtet der technische Projektleiter. Eine Erfolgszutat für diesen Balanceakt ist sicher auch sein zurückhaltendes und lösungsorientiertes Wesen und der Versuch, im Sinne aller aufzutreten. Immer das Beste für das Projekt zu wollen, fern von persönlichen Interessen. Auch in seinem Planungsbüro sieht er sich weniger als Chef, sondern mehr als Teil der Gruppe. „Ohne mein Team könnte ich das alles nicht leisten."

Doch ganz nach dem Motto „Stille Wasser sind tief" ist Edmund Haug nicht nur ständiger Ruhepol auf der Baustelle. Da ist auch eine Beharrlichkeit, ein unbedingter Wille, dass alles klappt. „Es macht mir einfach Spaß, mich darum zu kümmern, dass das Projekt ein Erfolg wird. Und dafür zieh ich mir auch mal die unangenehmen Schuhe an."

So kamen auch einige Aufgabengebiete zu ihm und seinem Planungsbüro, an die sich sonst noch keiner gewagt hatte. Zum Beispiel die anspruchsvolle Konzeption des Tropenhauses, die Sicherheitstechnik, der Tiefbau und damit die Infrastruktur rund um das Gebäude – etwa in Form von dem Anschluss an den betriebsinternen Energieverbund und die Leitungstrassen. Nimmt er sich einer Aufgabe an, wird diese nicht nur erledigt, sondern auch immer zu Ende und darüber hinaus gedacht. Sollen Rohre im Erdreich verlegt werden, plant er in weiser Voraussicht gleich noch ein paar dazu: „Denn die Zeit wird kommen, in der man weitere braucht, und dann nicht wieder alles aufreißen muss", so Edmund Haug. Bittet man ihn, die Baustelle zu begleiten, bedeutet das für ihn nicht „nine to five". Auch samstags nach dem Gang zum Bäcker kommt Edmund Haug für eine halbe Stunde vorbei und prüft, ob alles seine Richtigkeit hat.

„MAN KANN NICHT IMMER NUR PRAKTISCHE SANDWICHBUDEN BAUEN"

„Sind wir ehrlich, das Gebäude für sich ist durch sein Nutzungsprofil schwer. In meinen 35 Jahren auf dem Bau hab ich noch nie so viele öffentlich-rechtliche Vorgaben gehabt: Vom Baurecht, über den Arbeitsschutz bis zur Versammlungsstätten-Verordnung. Und es gab vieles, das nicht zu 100 Prozent davor geplant werden konnte. Aber nur praktische Sandwichbuden zu bauen, wäre auch nichts", schmunzelt Edmund Haug. „Und das Gebäude ist einfach wunderschön und für mich und unser Planungsbüro die einmalige Chance, etwas so Verrücktes, so ein Unikat zu begleiten."

Mehr als zweieinhalb Jahre des „Unikat"-Begleitens liegen hinter Edmund Haug. Warum war er immer bereit, die Extrameile zu gehen? „Trotz vieler Herausforderungen herrscht auf der Baustelle stets ein guter Ton und ein gutes Miteinander – das ist nicht selbstverständlich. Und ich wusste, dass die Familie Wilhelm mir ihr Vertrauen schenkt und meine Arbeit wertschätzt. Dadurch war es nicht nur irgendeine Baustelle. Sondern meine."

SCHUTZ FINDEN

LEICHTIGKEIT

SICHERHEIT

SICH BEHÜTET FÜHLEN

MODERNER HOLZBAU
FÜR DAS HAUPT

Ein Dach entsteht – oder „Lego für Große"

An einem kalten Wintertag kommen wir bei Holzbau Endres in Bad Grönenbach, nur 15 Minuten Fahrt von Legau entfernt, an. Die ersten Sparren und Pfetten befinden sich zwar schon am Gebäude, die Gauben allerdings werden noch in der großen Halle gefertigt und uns stolz präsentiert. Wir wollen wissen, wie so ein Dachstuhl entsteht und was das Besondere am Dach des Rapunzel Besucherzentrums ist.

PLANUNG IST DIE HALBE MIETE: JEDES TEIL AN SEINEN PLATZ

Wer meint, dass ein Zimmermann nur mit dem Holz an sich arbeitet, hat weit gefehlt. Monatelange Planung am Computer geht voraus, bevor das Holz bestellt und Hand angelegt werden kann. Denn was in den Plänen der Architekten und Statiker grob vorgegeben ist, muss von den Holzspezialisten erst noch im Detail ausgearbeitet werden. Vor allem die windschiefen Flächen, die runden Bauteile und der Brandschutz werden aufwendig definiert.

Dank der guten Vorarbeit und detailgetreuer Pläne wissen die Arbeiter auf der Baustelle später, welches Teil an welchen Platz kommt. „Das ist wie Lego für Große", erklärt uns Geschäftsführer Matthias Endres schmunzelnd, der das Unternehmen in dritter Generation führt. „Alles, was wir hier fertigen, muss später an der richtigen Stelle mit dem richtigen Gegenstück zusammengesetzt werden."

Wie das funktioniert, verstehen wir in der Halle ein bisschen mehr. Auf einem Bauteil lesen wir dort: „Südbau Süd-Ost-Ecke oben, innerer Kranz oben."

Wachsen die verwendeten Bäume, wie hier die heimische Fichte, in der Region, sei Holzbau grundsätzlich immer nachhaltig, so Matthias Endres. Für die Bauteile des Dachs verwendet er verleimtes Brettschichtholz, denn gesägtes Bauholz ist in dieser Dimension und Länge nicht lieferbar. Das Holz dafür kommt aus Reuthe in Vorarlberg. Die sechs Gauben wiederum werden aus Brettsperrholz gefertigt. Für den Dachaufbau, also Schalung, Dach- und Konterlattung, wird Massivholz aus dem Allgäu verwendet.

Auch die ca. 120.000 Dachziegel werden in einem nächsten Schritt von den Zimmerleuten angebracht. „Jeder Ziegel wird mindestens einmal von einem Arbeiter in die Hand genommen. An den Rundungen des Gebäudes auch mehrmals, denn hierfür müssen die Ziegel auf Trapezform zugeschnitten werden", erklärt Zimmerermeister Josef Zeller, der einmal in der Woche auf der Baustelle nach dem Rechten sieht.

Was das Besondere am Dachstuhl der Rapunzel Welt sei, fragen wir den Geschäftsführer: „Optik, Größe und die herausfordernde Form", erhalten wir als Antwort. Das sei schon High End, was da am PC, im Abbund und auf der Baustelle geleistet wird. „So etwas macht man nur einmal im Leben. Wir wurden von Rapunzel gefragt, ob wir uns das zutrauen. Wir wollten es anpacken und haben die Herausforderung gerne angenommen." Für uns ist nach unserem Besuch klar: Mission gelungen.

LEBENDIG
WIE DIE NATUR

Biberschwanzziegel für das imposante Dach

Waren Sie schon mal in einer Ziegelei? Nein? Dann stellen Sie sich einfach vor, wie es in einer Bäckerei zugeht – nicht von ungefähr gab es früher den Beruf des Ziegelbäckers. Wie das Korn wird auch der Ton zunächst fein vermahlen. Mikroorganismen sorgen – wie die Hefe beim Teig – für die gewünschte Konsistenz, Wasser macht die Masse formbar. Und am Schluss wird bestrichen und gebacken.

Ganz so einfach gestaltet sich das alte Handwerk natürlich nicht. Es braucht viel Erfahrung, um Ton zu hochwertigen und langlebigen Produkten zu verarbeiten. Eine Ziegelei, die dieses Know-how mitbringt, ist Gasser Ceramic in der Nähe von Bern. Aus dem Schweizer Familienunternehmen kommen die ca. 120.000 Biberschwanzziegel à 1,8 kg, die das imposante Dach des Besucherzentrums von Rapunzel bedecken werden. Der Name des Ziegels, man ahnt es schon, leitet sich von der optischen Ähnlichkeit mit dem Nagetier ab.

Die Entscheidung für das Material Ton machten sich Rapunzel Gründer Joseph Wilhelm und Projektleiterin Seraphine Wilhelm nicht leicht. Möglichst regional, nachhaltig, keine einheitliche Industrieware und wetterfest fürs Allgäu sollte das Dach sein. All das bringen die Tonprodukte aus der Schweiz mit. Ton ist langlebig, natürlich und eines der ältesten Baumaterialien der Welt. Die Ziegel atmen förmlich, nehmen Wasser auf und geben es wieder ab. So wird sich das Klima im Besucherzentrum auf natürliche Weise regulieren. Auch dank des Schattens, den der weite Dachüberstand bringt.

TON, WASSER, VIELLEICHT EIN BISSCHEN SAND UND GANZ VIEL LEIDENSCHAFT UND ERFAHRUNG. DAS IST DAS ERFOLGSREZEPT.

Ziegeleien wie die der Gassers haben eine ganz besondere Ausstrahlung. Hier wird von langjährigen Mitarbeitern noch alles an einem Ort gefertigt. Auf dem gesamten Gelände finden sich die Farben Ocker bis Rostbraun – sei es in der Tongrube oder im Werk bei der Verarbeitung. Dieses Erdige strahlt ganz viel Wärme aus. Und charakterisiert mit seiner Ursprünglichkeit ein ehrliches Handwerk.

Ziegelhersteller siedeln sich dort an, wo Tongruben sind. Der Ton in Rapperswil im Kanton Bern entstand mit der Alpenentstehung und ist 23 Mio. Jahre alt – das ist in der Geologie tatsächlich jung! Ton, das ist verwitterter Granitstein und das Mineral Feldspat. Jährlich werden in der Grube ca. 65.000 Tonnen Ton abgebaut, das ist ein halber Meter pro Jahr.

Nach der Abtragung liegt das Material für ein Jahr in der Grube auf einem sogenannten Rüsthaufen, wo Mikroorganismen Elastizität in das Material bringen. Da, wo Ton bereits abgetragen wurde, werden Bäume angepflanzt. Das Credo der Ziegelei: „Was wir der Natur nehmen, geben wir ihr auch wieder zurück."

In der Ziegelproduktion ist es nach der ruhigen Tongrube vorbei mit der Friedlichkeit. Es rattert und rüttelt – da passiert was! Los geht's mit dem Kollergang. Hier wirken tonnenschwere Läufer auf den Ton ein und mahlen ihn ganz fein. Nach ein paar Wochen Lagerung im Sumpfhaus, wo ein Feuchtigkeitsausgleich stattfindet, wird der Ton mit Wasser vermischt und gut durchgeknetet. Dann geht's ans Pressen der feuchten Masse und ans Zuschneiden auf die Ziegelform. Jeder einzelne Ziegel erhält den Rapunzel Slogan:

„BIO AUS LIEBE" eingeprägt.

Anschließend werden die Ziegel getrocknet.

Besonders spannend ist die Färbung der Ziegel an der Engobiermaschine. Engobe ist eine flüssige Tonmineralmasse, mit der die Ziegel beschichtet und gefärbt werden.

WILD UND LEBENDIG WIE DIE NATUR SELBST SOLLEN DIE RAPUNZEL ZIEGEL AUSSEHEN, KEINER WIE DER ANDERE.

Dafür durchlaufen die Ziegel drei Stationen. An jeder spritzen zahlreiche Düsen Flüssigkeit in unterschiedlichen, natürlichen Erdfarben auf die Ziegel. Ganz so unberechenbar, wie das Ganze aussieht, ist es aber nicht. Bei mehreren Besuchen bestimmte der Architekt exakt den gewünschten Farbton. Es gilt also: Wild und natürlich? Ja. Willkürlich? Nein. Letzte Station ist der 100 Meter lange Tunnelofen. Zweieinhalb Tage verbringt das Tonprodukt in dem 1040 bis 1050 Grad heißen und rot glühenden Ofen.

„DIE ABWÄRME WIRD IM SINNE DER NACHHALTIGKEIT AUFGEFANGEN UND ZUR VORANGESCHALTETEN TROCKNUNG GELEITET.

Das Ergebnis: individuelle Ziegel mit einem Farbspektrum von Rostbraun bis Ocker. Erwartungsfroh liegen sie da und warten auf ihre Reise ins Allgäu. Im Hintergrund die Tongrube, aus der sie wenige Tage zuvor kamen.

„EIN BISSCHEN DICHT GIBT'S NICHT"

Spenglerarbeiten schützen vor Wind & Wetter

Spengler, Flaschner, Blechner oder Klempner? All das sind Bezeichnungen für einen Handwerksberuf, bei dem Bleche verarbeitet oder zum Verkleiden und Abdichten genutzt werden. Für das Besucherzentrum übernimmt die Spenglerei Lerchenmüller in Dietmannsried/Allgäu (18 km von Rapunzel entfernt) diese Tätigkeiten und sorgt dafür, dass das Gebäude gut vor Wettereinflüssen geschützt ist. Getreu dem Motto des Firmeninhabers: Ein bisschen dicht gibt's nicht.

Markus Lerchenmüller, der das Familienunternehmen mit Bruder Daniel in dritter Generation führt, zeigt uns seine Spenglerei. Rapunzel kennt er fast von Anfang an und hat viele Projekte mit dem Bio-Hersteller umgesetzt. Nur zu Beginn der Firmengeschichte, da baute Rapunzel Gründer Joseph Wilhelm – ganz der Pionier – am liebsten alles selbst.

Markus Lerchenmüller erklärt uns, dass Bleche auf dem Bau ersatzlos sind. Sie bieten Dichtigkeit gegenüber Wasser, Wind, Frost und Sonne.

Beim Flachdachbau etwa gilt es hundertprozentig zu arbeiten. Im Gegensatz zu schrägen Dächern führt beim Flachdach jede Undichtigkeit direkt zum Schaden.

Zudem sind Bleche wie Kupfer so gut wie unzerstörbar. Sicher haben Sie schon mal ein grünes Kirchturmdach gesehen. Diese Patina ist sozusagen der Rost von Kupfer und schützt das Material über Jahrhunderte. Kupfer ist langlebig, kann immer wieder recycelt werden und ist damit sehr nachhaltig. Die ideale Wahl für das Rapunzel Besucherzentrum.

RUNDE FORM FÜR ECKIG-LIEBHABER

Für das Besucherzentrum kümmert sich Lerchenmüller vor allem um das Flachdach, montiert die eckigen Kastenrinnen, die um das Gebäude herum verlaufen, und verkleidet die Gauben mit Kupfer. Wussten Sie, dass die Ummantelung eines Objekts aufwendiger sein kann als die Erstellung des Objekts selbst?

Die runde Form des Besucherzentrums ist übrigens gar nicht so ohne für Spengler. „Spengler lieben Eckiges", bringt es Markus Lerchenmüller auf den Punkt. Warum das so ist, können Sie sich am Beispiel einer Tischdecke vorstellen, die in dem Bild für das Blech steht. Es ist ein Leichtes, die Decke auf einem viereckigen Tisch glatt auszulegen. Bei einem sechseckigen Tisch gilt es, die Decke zu falten und sorgfältig übereinanderzulegen. Im Fall der Spengler: Falzen, nieten, löten und schweißen.

EINPENDELN ZWISCHEN KREATIVEN IDEEN UND PRAXISERFAHRUNG

Besonders spannend ist die Konstruktion eines individuellen Fallrohrs für Rapunzel, über welches das Regenwasser an neun Stellen um das Gebäude verteilt ablaufen soll. Hintergrund ist der weite Dachvorstand, durch den ein klassisches Fallrohr, das an der Hauswand entlangläuft, obsolet wird. Bei der Konstruktion werden mehrere Kupfereimer (ca. 150 insgesamt) übereinander an einer Kette aufgehängt. „Ob er diese kreative Arbeit verantworte", fragen wir Lerchenmüller. „Einer alleine macht gar nichts", erklärt er. Es sei ein Einpendeln zwischen den Ideen der Architekten und der Praxiserfahrung der Handwerker.

Der Besuch bei der Spenglerei Lerchenmüller zeigt uns einmal mehr, dass es beim Bau auf das perfekte Zusammenspiel der Berufe ankommt. Und keiner wichtiger als der andere ist – ob die Arbeit nun auf den ersten Blick sichtbar ist oder sich wie die der Spengler eher im Hintergrund hält.

KNOTENPUNKTE

STABILITÄT

IN DIE FERNE
SCHWEIFEN

DURCHLÄSSIGKEIT

SICH ÖFFNEN

LICHT

SCHWEBENDER CHARAKTER
Mit Pfosten-Riegel-Fassade

Die Rapunzel Welt soll Mensch und Umwelt architektonisch in Kontakt bringen. Möglich macht das eine sogenannte Pfosten-Riegel-Fassade mit großen Glasflächen. Diese Fassade verbindet das Gebäudeinnere mit der Natur, bringt Licht und Leichtigkeit und lässt das Gebäude förmlich schweben.

Vertikale Pfosten und horizontale Riegel ergeben zusammen mit eingespannten Füllelementen eine Fassade. Beim Besucherzentrum bestehen die Pfosten und Riegel sowohl aus Stahl als auch aus Holz, und die Füllelemente sind Glasscheiben, Holzpaneele und Türen. Ein bisschen wie bei einem Baukastensystem.

Um die perfekte Fassade zu erhalten, die übrigens nur ihr eigenes Gewicht trägt, spielen mehrere Handwerke zusammen. Von Schreinern über Metallbauer bis zu Glasexperten und Bauingenieuren.

„BEI HOLZ,
DA HÜPFT DAS HERZ"

Mit einer Pfosten-Riegel-Fassade verbindet Güthler
Glasfassaden Innen und Außen

Güthler Glasfassaden setzt für Rapunzel die Pfosten-Riegel-Fassade hauptverantwortlich um. Als wir in Lauben, 20 Kilometer von Rapunzel entfernt, ankommen, sind wir zunächst überrascht: Auf dem Firmenareal des Unternehmens mit dem Wort „Glas" im Namen ist weit und breit kein Glas zu sehen. Vielmehr finden wir uns in einer Schreinerei wieder, in der auch mit Metall gearbeitet wird. Hier geht es um alles, was das Glas später hält: Fensterrahmen, Pfosten und Riegel.

Fassaden können sowohl aus Holz als auch aus Metall sein. Im Familienbetrieb Güthler gehen daher Metallbau und Holzbau eine Synergie ein.

Wo andere Unternehmen sich nur auf ein Material und dessen Eigenheiten spezialisieren, plant Güthler in der Schreinerei die Metallteile gleich mit. Das liegt vor allem auch an den Personen hinter dem Unternehmen: Geschäftsführer Johannes (rechts im Bild) und seinem Bruder Gerhard Güthler (links im Bild). Sie waren sowohl im Holzbau als auch als Metallbauer tätig und sind Meister im Umgang mit beiden Materialien. Letztlich liegt der Fokus aber auf Holz. „Im Herzen sind wir Schreiner. Bei Holz, da hüpft das Herz", lächelt Gerhard Güthler.

Warum es nicht ohne ist, eine Mischfassade anzufertigen, wird klar, als Gerhard Güthler über die

Materialeigenschaften spricht. Stahl dehnt sich bei Wärme in Breite und Länge aus, Holz reagiert auf Feuchtigkeit, weitet sich aber nur in die Breite, nicht in die Länge. Und Beton, an den die Fassade nach oben hin anschließt, befindet sich zwei Jahre in der Schwindungsphase, in der er Wasser verliert und sich zusammenzieht. Daher ist ein vertikal beweglicher Abschluss am oberen Fassadenpunkt Pflicht.

MIT KÖPFCHEN ZUR PERFEKTEN FASSADE

Sowohl für die Erstellung als auch für die Planung der Fassade benötigt Güthler je ca. drei bis vier Monate. Als gelernter Maschinenbautechniker und Metallbauer ist Gerhard Güthler der Kopf hinter den Fassadenplänen: „Der Architekt gibt zwar das fertige Bild vor, Bauphysik und Detailplanung kommen aber von uns und vom Statiker." So weisen seine Pläne die Handwerker z. B. dazu an, an welcher Stelle in der Fassade die Elektrik versteckt werden soll.

Ebenfalls viel Planung verlangt die runde Gebäudeform. Eine moderne High-End-CNC-Fräsmaschine sägt, bohrt und fräst die gebogenen Riegel, die um das Gebäude herum verlaufen. Am Ende unseres Besuches sehen wir die fertige Glasfassade förmlich vor uns – ohne ein einziges Mal Glas gesehen zu haben.

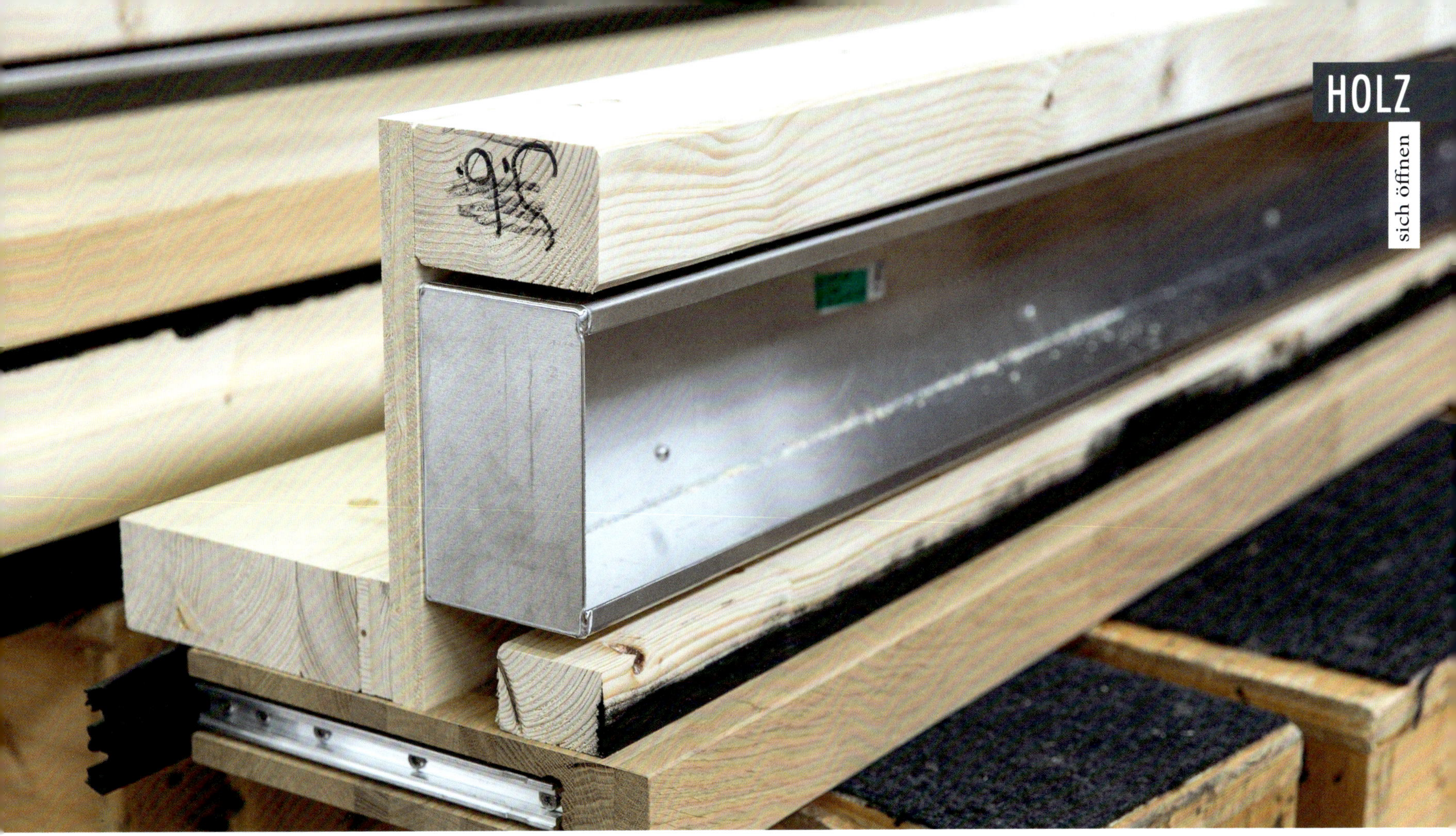

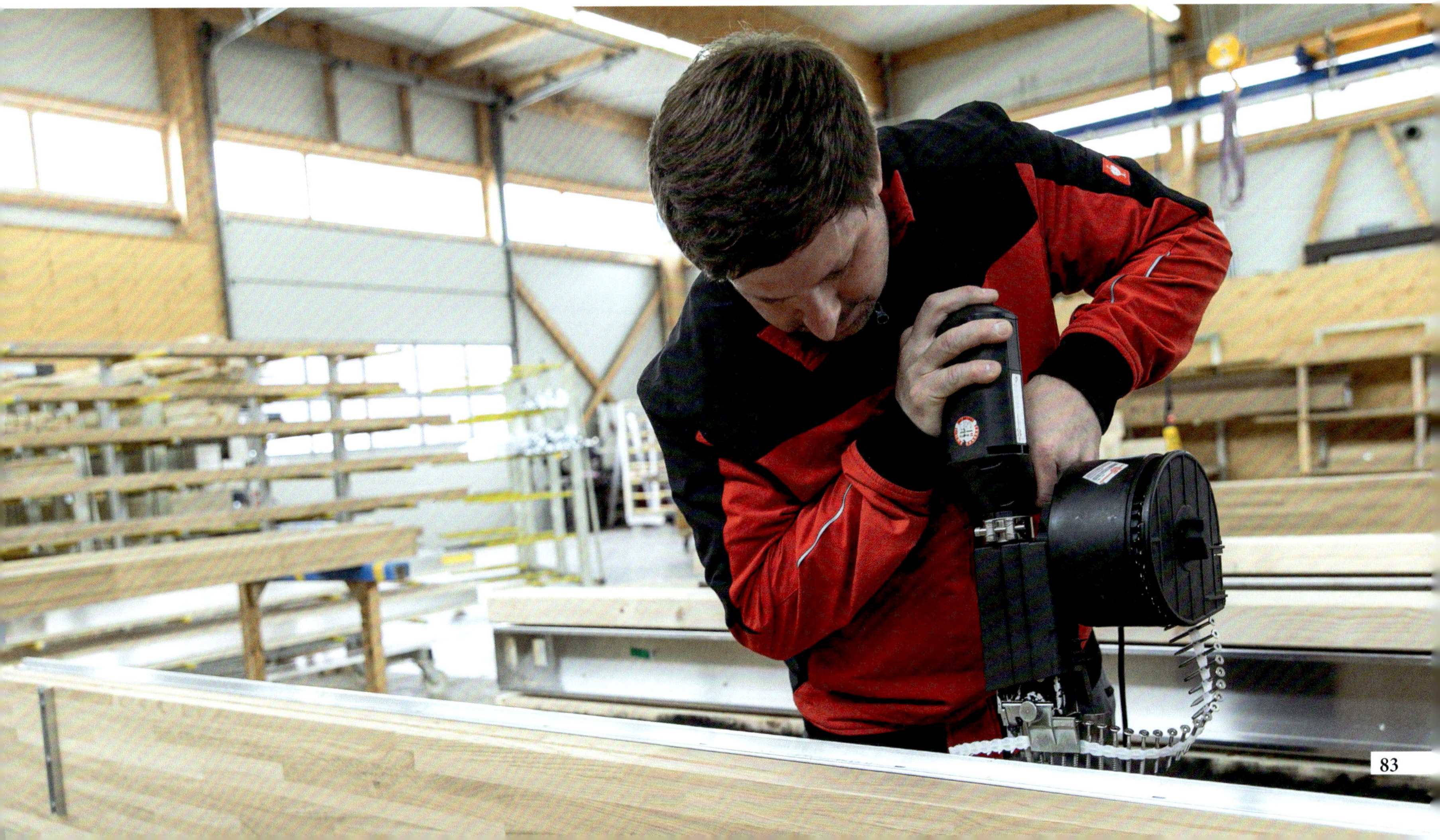

FEUER UND WASSER
in perfekter Harmonie

Kurt Übeles Stahl gibt der Pfosten-Riegel-Fassade die nötige Kraft

Seinen höchsten Punkt erreicht das Gebäude im Bereich des Atriums und der Kaffeerösterei. Hier ist die Fassade neun Meter hoch und die Pfosten-Riegel-Fassade geht bis unter die Decke. Wenn man sich nun vorstellt, dass eine Glasscheibe bis zu 630 kg wiegt, versteht man, was die Pfosten und Riegel hier tragen müssen. Für den Statiker war klar: Dafür brauchen wir Stahl.

Die aus Stahl gefertigten Tragprofile kommen ganz aus der Nähe, von der Kurt Übele GmbH in Memmingen. Wir besuchen Kurt Übele in seiner Wirkungsstätte. Beständig und geradlinig wirkt er, ein bisschen wie der Werkstoff, den er zum Beruf gemacht hat. Auf die Frage, was das Herausfordernde an einem Projekt wie dem Besucherzentrum sei, antwortet er bescheiden: „Sollt' halt dicht sein." Und unterschlägt damit sein hohes fachliches Know-how und die 25 Jahre Erfahrung, die ihm z. B. bei den kniffligen Eckpunkten des Gebäudes gute Dienste erweisen.

Nerven aus Stahl haben heißt es, wenn das bestellte Material einmal nicht lieferbar ist, wie es bei der Anfertigung der Elemente für Rapunzel geschah. Kein Problem für Herrn Übele. Stahl unterscheidet sich nämlich in seiner Belastbarkeit, messbar wird das über die Güte bzw. anhand der Zugfestigkeit in N/mm^2. Ist der gewünschte Stahl also nicht verfügbar, kann man auf eine höhere Güte ausweichen. Und erhält gleichzeitig die Möglichkeit, schlanker zu gestalten.

DIE ELEMENTE DES METALLBAUERS

Kurt Übeles Schmiede wird von den Elementen Feuer und Wasser geprägt. Da ist die Glut in der Esse, wenn er den Stahl weich macht, und sprühende Funken bei den Schweißarbeiten. Und da ist Wasser, wenn der Stahl mit einem 4000 bar starken Wasserstrahl zugeschnitten wird. Oder wenn Kurt Übele seiner Leidenschaft, dem Kunstschmieden, nachgeht und Wasserspiele zaubert, die sich auf dem gesamten Gelände bewundern lassen.

Wer nach Eröffnung des Gebäudes nach den Pfosten und Riegeln aus Stahl Ausschau hält, findet sie ab dem ersten Riegel (ungefähr ab 2,60 m), der um das gesamte Gebäude verläuft. Unterhalb davon wird der Stahl von Beton und Holz verdeckt.

AUCH NACH
20 JAHREN
NOCH HERAUSFORDERND

Scheiben von Glas Trösch füllen den Raum
zwischen Pfosten und Riegel

Zum Feierabend die Glasproduktion abstellen und morgens wieder anstellen, so funktioniert das nicht in der Welt des Glases. Bei der Floatglas- oder Flachglasherstellung handelt es sich um ein Endlosband, bei dem 24/7 flüssiges Glas auf einem Zinnbad fließt (engl.: to float). Da Glas leichter als Zinn ist, schwimmt es glatt obenauf, bevor das Gemisch aus Quarzsand, Kalk, Dolomit und Soda erkaltet und erstarrt.

In die Geheimnisse des Glases weiht uns Ralf Patscheider, Leiter der Auftragsvorbereitung bei Glas Trösch, ein. Bei unserem Besuch werden am Standort im nahegelegenen Memmingen die großen Scheiben für die Fassade des Besucherzentrums produziert, die bis zu 630 kg wiegen!

Als wir die heiligen Hallen betreten, fährt gerade ein Spezial-Glastransporter, ein sogenannter Float-Liner, mit 20 Tonnen Glasware ein. Damit es nicht zum Bruch kommt, öffnet der Lkw einfach seinen Boden und setzt die Glasscheiben behutsam ab. Die Scheiben, die der Fahrer für das Besucherzentrum geladen hat, sind farbneutral, damit die Besucher später die Kaffeerösterei hautnah bestaunen können. Sind Gläser grün, ist der Eisenoxid-Anteil höher und nicht extra herausgefiltert.

Die Glasscheiben, die hier angeliefert werden, sind sechs Meter lang und 3,21 Meter breit. Seltsames Maß, woher kommen die 21 Zentimeter? Das liegt zum einen an dem eingangs erwähnten Floatbad, das in seiner Breite begrenzt ist. Zum anderen gibt die EU vor, dass die Fahrzeughöhe inkl. Ladung (hier die aufgerichteten Scheiben) nicht höher als vier Meter sein darf.

RAPUNZEL NUSSMUS-GLÄSER IN DER FASSADE DER RAPUNZEL WELT?

Nach einer kurzen Lagerung geht's für die Glasscheibe auf den Schneidetisch. Dort wird sie lediglich angeritzt und dann sauber auf die gewünschte Größe gebrochen. Ralf Patscheider plant im Vorhinein genau, wie viele Scheiben er aus einer großen Fläche herausholen kann. So bleiben meist nur ca. vier Prozent Glas übrig, welches wieder eingeschmolzen und zu neuem Glas wird.

Wir fragen uns, ob es möglich wäre, dass sich ein eingeschmolzenes Rapunzel Nussmus-Glas in der Fassade des Besucherzentrums wiederfindet. „Leider nein", schmunzelt Ralf Patschneider. „Flachglas und Hohlglas haben unterschiedliche Schmelzpunkte und werden nicht vermischt."

Als wir den Glas-Fachmann auf dem Hof vor der Firma nach seinem persönlichen Bezug zu dem Material fragen, lässt er uns sofort hinter die Fassade blicken, Glas begeistert ihn einfach. Es gäbe nichts, was mit dem zukunftsorientierten und

nachhaltigen Material nicht machbar wäre. So hat er bei sich daheim Fenstersimse aus Glas, aber auch eine Treppe mit gläsernen Stufen wäre möglich. In der Fußgängerzone in Memmingen bleibt er schon mal stehen und begutachtet ausführlich die verbauten Scheiben. Und wann hat man Glas verstanden und weiß damit umzugehen? „Nach der Lehrzeit nochmal vier bis fünf Jahre dazu. Ich arbeite hier seit 20 Jahren und Glas fordert mich immer noch heraus."

AUS DREI MACH EINS: EIN VERBUNDSICHERHEITSGLAS ENTSTEHT

Bei der Fassade des Besucherzentrums kommt ein Dreifach-Isolierglas zum Einsatz, wobei die innere und die äußere Scheibe als Verbundsicherheitsglas ausgeführt wird – mit Eigenschaften wie man sie beispielsweise von einer Windschutzscheibe beim Auto kennt. Zwischen jede Lage Glas wird eine Folie geklebt. Beschädigt dann z. B. ein Stein die äußere Scheibe, verhindert die Folie, dass sich Scherben lösen.

Wie werden nun aber drei Scheiben zu einer? Zunächst laufen die einzelnen Scheiben durch eine Art Waschmaschine. Dann bringt ein sogenannter Applikator eine Abstandshalterung rund um das Glas an. An der Visitierstation prüfen erfahrene Mitarbeitende die Scheibe auf mögliche Kratzer oder Bruchstellen. Bei so einer großen Scheibe steht dann schon mal der Leiter des Qualitätsmanagements mit dabei. Nach ein bisschen Polieren sind alle erleichtert: Keine Kratzer. Es kann weitergehen.

Im nächsten Schritt werden die Gläser miteinander verpresst und Argon-Gas in die Zwischenräume gegeben, die dank der Abstandshalterung bestehen. Das Gas ist schwerer als Luft und leitet schlecht, somit bleibt später die warme Luft im Gebäudeinneren. Das spart Energie und Heizkosten. Am Ende des Fertigungsbands erscheint eine wunderschön intakte Scheibe. Geschafft.

Abschließend wird die Scheibe mit Dichtstoff ringsum versiegelt und ein Kran hebt sie vom Band. Nachdem sie in der Kommissionierhalle getrocknet ist, wird sie im Hof verladen und direkt zur Baustelle transportiert.Und wie erkennt man nun, wie viele Scheiben in einen Verbund gepresst wurden? Ralf

Patschneider zeigt uns einen Trick und fragt seine Kollegen nach einem Feuerzeug. Ganz nah gehen wir an die Scheibe und die Flamme ran und siehe da, es spiegeln sich sechs Flammen, eine Flamme pro ursprünglicher Oberfläche.

Zwei Flammen leuchten röter als die anderen, hier befindet sich der Wärmeschutz. Wie die Profis können wir mit Sicherheit sagen:
„Dreifachverglasung mit Wärmedämmung."

VON DER FREIEN ARCHITEKTEN-IDEE IN DIE REALITÄT

Verbindungsprofil von RAICO hält die Fassadenelemente zusammen

Unser letzter Besuch zum Thema Pfosten-Riegel-Fassade führt uns zur Raico Bautechnik GmbH in Pfaffenhausen, nicht weit von Rapunzel gelegen. Dank ihres Fassadensystems halten die einzelnen Elemente wie Pfosten oder Füllelemente überhaupt erst zusammen und die Fassade dichtet perfekt nach außen ab. „Wir sind wie ein Versandhaus, mit dem Unterschied, dass wir auch selbst entwickeln", erklärt uns RAICO Gründer Albert Inninger (rechts im Bild) mit einem Augenzwinkern, als wir durch die große Halle gehen. Bei ihnen wird getüftelt und getestet und das fertige Produkt vertrieben.

Was das weltweit agierende Familienunternehmen Raico besonders macht, davon bekommen wir in dem Büro des Gründers einen ersten Eindruck. Da schließt eine Pfosten-Riegel-Fassade nach außen ab, die aus Stahlpfosten und Holzriegeln besteht.

„Diesen Mix können nur wir", erklärt Inninger nicht ohne Stolz.

Für die Rapunzel Fassade schwebten dem Architekten im Bereich der Kaffeerösterei große Glaselemente sowie Riegel und Pfosten aus Holz vor. Letztere sollten ab dem ersten Riegel versetzt sein.

Raico geht frühzeitig mit den Architekten ins Gespräch und bringt deren freie Gedanken in die technische Umsetzbarkeit. So wurde unter dem Gesichtspunkt der Hygiene und der Belastbarkeit bei der Lebensmittelverarbeitung statt dem angedachten Holz als Trägermaterial auf Stahl gesetzt. Und statt der optisch reizvollen versetzten Rasterung der Fassade wurden zumindest ein paar belastbarere, durchgängige Haupttrageglieder eingeplant.

12 MILLIMETER HALTEN DAS GEWICHT

Raico ist Inhaber von über 80 Patenten. Aber nur eines davon ist das Herzstück. Mit diesem Profil, das auf höchstem Niveau Holz- und Stahlkonstruktionen miteinander verbindet, macht Raico weltweit auf sich aufmerksam.

Besagtes Profil ist eine Art Verbindungstechnik, ein Fassadensystem mit integriertem Schraubkanal. Sie verbindet das Füllelement (z. B. Glas) mit der Trägerkonstruktion (z. B. einem Pfosten aus Stahl). Für diese Verbindung muss keine Schraube direkt ins Holz gebohrt werden. Stattdessen befindet sich eine thermische Trennung zwischen Träger und Füllelement und die Schraube wird durch einen Schraubkanal reingedreht.

Der Vorteil: Die Schraube geht nicht direkt ins Holz, wo Wasser kondensieren könnte. Alles an dem Profil – sogar die Schraube –wird von Raico entwickelt.

Schauen wir uns den Aufbau der Fassade genauer an: Die Pfosten und Riegel aus Holz oder Stahl tragen das Gewicht des Glases. Das Raico-Profil sorgt für die nötige Dichtigkeit, den Wärme- und den Schallschutz. Denn gerade an den Stellen, wo die verschiedenen Teile der Fassade zusammengeführt werden, droht Wärme oder Schall zu entweichen oder Wasser einzudringen.

Zunächst wird auf das Holz oder den Stahl ein Grundprofil angebracht, darauf folgt eine Glasanlagedichtung und außen eine Pressleiste mit Außendichtung. Die Glasscheiben ragen nur zwölf Millimeter in das Profil hinein. Auf diese 1,2 Zentimeter wird mittels Verschraubung Anpressdruck ausgeübt und die Fassade gegen Luft und Regen abgedichtet.

Fazit: Ohne dieses kleinste Teil in der Fassade wäre die imposante, neun Meter hohe Glasfassade nicht in dieser Perfektion machbar.

FESTEN BODEN UNTER DEN FÜSSEN SPÜREN

FREIRÄUME

VERBUNDENHEIT

ELEMENTAR

SPITZER SPLITT UND KUGELIGER KIES

Transportbeton mit einem
Schuss Lebendigkeit

Kies oder Splitt – kennen Sie den Unterschied? Beide Gesteine kommen aus ein und derselben Kiesgrube. Wo aber der runde Kies z. B. für den Beton in Gebäuden verwendet wird, kommt der kantigere Splitt für griffigen Asphalt zum Einsatz.

Die Charakteristika von Splitt und Kies sind den Betonexperten bei der Hans Steidele GmbH im 14 km entfernten Woringen bestens bekannt. Aus dem Sand- und Kies- sowie Transportbetonwerk kommt der Beton für die Wände, Decken und Betonplatten im Rapunzel Besucherzentrum. „Für die meisten ist Beton einfach grau und hart, sie sehen nur das fertige Produkt. Sie würden nicht glauben, wie viel Sortierung und Kontrollen Kies und auch Sand im ersten Schritt überstehen müssen, bevor sie für eine Betonmischung überhaupt zugelassen werden", erklärt Manfred Bemmerl, Betriebsleiter und Betontechnologe bei der Hans Steidele GmbH.

Inhaber des Werks sind Hans-Dieter Steidele und Oskar Steidele, dessen Vater die Firma in den 60ern gründete und die Grube kaufte.

Die Sand-Ader, die hier verläuft, beinhaltet alles, was das Betonliebhaberherz begehrt:

„Wir haben hier super Sand, ausgesprochen runde Kieskörner und keine Bremser – also Splitt", erklärt Oskar Steidele. Diese hohe Gesteinsqualität war nur einer der Gründe, warum Steidele für das Besucherzentrum an Bord geholt wurde. Insbesondere natürlich wegen des Know-hows: „Wir hören tatsächlich oft: ‚Bei euch läuft's einfach am besten'", führt der Firmeninhaber weiter aus.

Nur 15 Minuten liegen zwischen dem Werk und der Baustelle für die Rapunzel Welt. Und das ist auch gut so! Denn Beton muss 90 Minuten nach der Herstellung verarbeitet sein. Sonst dickt er ein, verliert Feuchtigkeit oder wird zu warm. Die Folge könnten Risse oder Lunker sein. „Kein Problem", könnte man da denken, „schütte ich einfach Wasser nach." Das würde allerdings die Qualität des Betons mindern. Der Polier, der von Steidele das Halbfertigprodukt Beton auf der Baustelle

in Empfang nimmt, muss deshalb genau um die Eigenheiten des empfindlichen Materials wissen und es zeitnah verarbeiten. Halbfertigprodukt, weil 50 Prozent des Weges bis zum fertigen Betonobjekt von den Profis im Betonwerk gegangen werden und 50 Prozent davon von einem erfahrenen Polier auf der Baustelle. „Die Poliere und Mitarbeiter vom Generalunternehmer Filgis haben das wirklich perfekt gemacht, die können damit umgehen", lobt Manfred Bemmerl. „Nur als Team sind wir gemeinsam am Ende erfolgreich."

BETON UND NACHHALTIGKEIT

Bei dem Stichwort Beton horchen viele auf – entsteht doch bei der Herstellung des Betonbestandteils Zement viel CO_2. Die beiden Betonexperten Manfred Bemmerl und Oskar Steidele kennen die Debatte

und räumen mit dem pauschal schlechten Image auf: „Grundsätzlich ist Beton ein Naturprodukt. Die Diskussion dreht sich vor allem darum, dass das Mahlen und Brennen von Kalkstein für den Zement klimafreundlicher werden soll. Und daran wird bereits viel geforscht."

Außerdem ist Beton sehr langlebig und auch das bedeutet Nachhaltigkeit, weil keine neuen Ressourcen für Reparaturen oder Neubauten verwendet werden müssen. Das antike Pantheon etwa, das im Kern aus Beton besteht, existiert heute noch.

Großes Potenzial hat laut den beiden Betonexperten auch der Kreislaufgedanke zusammen mit Recyclingbeton. In einer eigenen Recyclinganlage spaltet die Steidele GmbH auf dem Werksgelände Beton auf und gießt daraus z. B. Bänke. Das Recyceln von Beton, der in Häusern verbaut war, sei aber über die Jahre schwieriger geworden, weil immer mehr Styropor und Kabel Einzug ins Bauwerk gehalten hätten. Gleichzeitig müsse man sehen, dass Bauschutt heute bereits zu 90 Prozent im Straßenbau weiterverwendet wird.

Im Besucherzentrum war Beton vor allem wegen des vielfältigen Funktionenmixes das Material der Wahl. Die hohen Anforderungen an Versammlungsstätten, Hygiene, Traglasten, Brandschutz und Anpassungsfähigkeit wären beispielsweise mit einem Holztragwerk nur schwer umsetzbar gewesen.

AUS DER GRUBE AUF DIE BAUSTELLE
Wie entsteht aus einem Kieskorn eine stabile Wand?

1 Bevor es ans Betonmischen geht, wird im Werkslabor an der perfekten Rezeptur für Rapunzel getüftelt. Und darin ist Steidele meisterlich gut. „Glatt wie ein Babypopo soll der Beton für euch sein", lacht Manfred Bemmerl (links im Bild), „weil er ja nicht verkleidet wird." Oder anders: Sichtbetonklasse 3 (von 4) haben.

2 Der für die Rezeptur benötigte Kies kommt direkt aus einer der Steidele-Gruben. Die Steine, die hier mit großen Maschinen abgebaut werden, stammen noch aus der Eiszeit.

3 Ein Förderband transportiert den Kies ins Kieswerk. Hier wird er gewaschen, gesiebt und vom Sand getrennt, der daran klebt.

4 Ein Grubenwagen, ein sogenannter Dumper, fährt die unterschiedlich großen Sand- und Kieskörner ein paar Meter weiter zum eigenen Betonwerk. Dort wird das Gestein in verschiedene Vorratsbunker gekippt: einen für Sand, einen für 2 bis 8 Millimeter großen Kies, für 8 bis 16 und für 16 bis 32 Millimeter.

5 Unter den Bunkern verläuft ein Fließband, auf das die unterschiedlichen Steine – je nach Rezeptur – fallen. Ein Sensor misst die Feuchtigkeit. Hat es erst geregnet, muss später weniger Wasser zugefügt werden.

6 Dann kommt die Mischung in den sogenannten Zwangsmischer. Auf ihn hat der Mischmeister und Betontechnologe Thomas Walz mittels Kamera konstant ein Auge – neben seinen Aufgaben in Disposition und Labor. Das Erfolgsrezept der „Steidele-Betonköche" ist 100-prozentiger Einsatz, Kundenorientierung und Produktkenntnis. „Ich will abends hören, dass alles super gelaufen ist", bringt es Thomas Walz auf den Punkt. Ganze 400 Rezepturen hat er für die Kunden parat. Bei Steidele ist man sich sicher: „Wenn der Mischmeister nicht die Liebe und Zeit gibt, die der Beton braucht, dann bleibt es nur eine graue Masse. Das ist wie bei euren Bio-Lebensmitteln auch."

7 Im Zwangsmischer verbinden sich Zement, Wasser, Gestein und Betonzusätze. 1,5 m³ Beton entstehen so in einer Charge. Die fertige Mischung nimmt dann ein sogenannter Fahrmischer auf, der dazu unterhalb des höher gelagerten Zwangsmischers parkt. Besonders stolz ist das Steidele-Team auch auf die eigenen Fahrer – die wissen, was für eine empfindliche Mischung sie geladen haben und wie sie damit umgehen müssen.

8 Kommt der Beton auf der Baustelle an, übernimmt der Polier. Mithilfe einer Schalung und zusammen mit Stahl für die nötige Stabilität baut er die gewünschten Wände, Decken und Bodenplatten. Das Ergebnis kann sich sehen lassen. „Ganz ehrlich, das ist grandios gut geworden", sagt der Firmeninhaber Oskar Steidele (rechts im Bild) stolz. Da können wir ihm nur zustimmen. Porenfrei und gleichmäßig in der Farbgebung – Herz, was willst du mehr?

BETONBELEBUNG: DIE RAPUNZEL WELT ALS LEBENDIGER ORT

Beton wird oft als kalt empfunden. Das passt natürlich nicht zu dem Ort, den Rapunzel schaffen möchte: Einen Ort der Lebensfreude, einen Ort, der guttut. Daher lässt Rapunzel dem Beton (wie auch dem Terrazzoboden und Sichtestrich) gleich zwei Mittel beimischen, denen nachgesagt wird, das Wohlbefinden zu steigern: GRANDER® belebtes Wasser und Pneumatit®.

Mit dem GRANDER®-Wasserbelebungssystem wird bei Rapunzel seit Jahren das Trinkwasser für die Mitarbeitenden aufbereitet, belebt und energetisiert. Dahinter steckt folgendes Prinzip: Mit dem Naturverfahren der GRANDER®-Wasserbelebung wird die Selbstreinigungs- und Widerstandskraft des Leitungswassers gestärkt. Denn Wasser kann Informationen speichern und übertragen. Das Informationswasser im GRANDER®-Wasserbelebungsgerät überträgt seine hohe Ordnung auf das vorbeifließende unbelebte Wasser und bringt das Leitungswasser in einen optimal strukturierten Zustand. Mittels eines eigenen Wasserbelebungsgerätes wurde von Anfang an im Betonwerk Steidele das Wasser für die Betonherstellung belebt.

Auch Pneumatit® hat sich der Belebung verschrieben, und zwar speziell der von Beton. Der Zusatzstoff, dem homöopathische Prozesse zugrunde liegen, wird dem Beton direkt im Werk beigemischt. „Wir führen so eine feine biologische Aktivität ein und verbinden den Beton dauerhaft mit den Prozessen des Lebens", erklärt der Geschäftsführer Markus Sieber. „Ist Pneumatit® im Beton, erleben das viele Menschen bewusst und umschreiben es als Weite, Wärme, Wohlbefinden. Der Beton strahlt nun Leben aus und trägt proaktiv zu einem positiven Raumklima bei." Alle Ausgangsstoffe, die für Pneumatit® verwendet werden, sind natürlich.

PNEUMATIT IN DER DUNKELFELDMIKROSKOPIE

Bilder sprechen mehr als tausend Worte: In den Mikrostrukturen, die bei der Kristallisation von Flüssigkeiten entstehen, können Lebenskräfte sichtbar gemacht werden. Auf den Bildern sehen wir die Kristallisation von Quellwasser in der Dunkelfeldmikroskopie nach drei Tagen.

Bild eins (v. l.) zeigt ursprüngliches Quellwasser (x 200), Bild zwei zeigt dasselbe Quellwasser nach der Aufbewahrung in einer Kiste aus konventionellem Beton (x 200), Bild drei zeigt Quellwasser mit Pneumatit®-Beton (x 200) und Bild vier zeigt selbiges in fünfhundertfacher Vergrößerung.

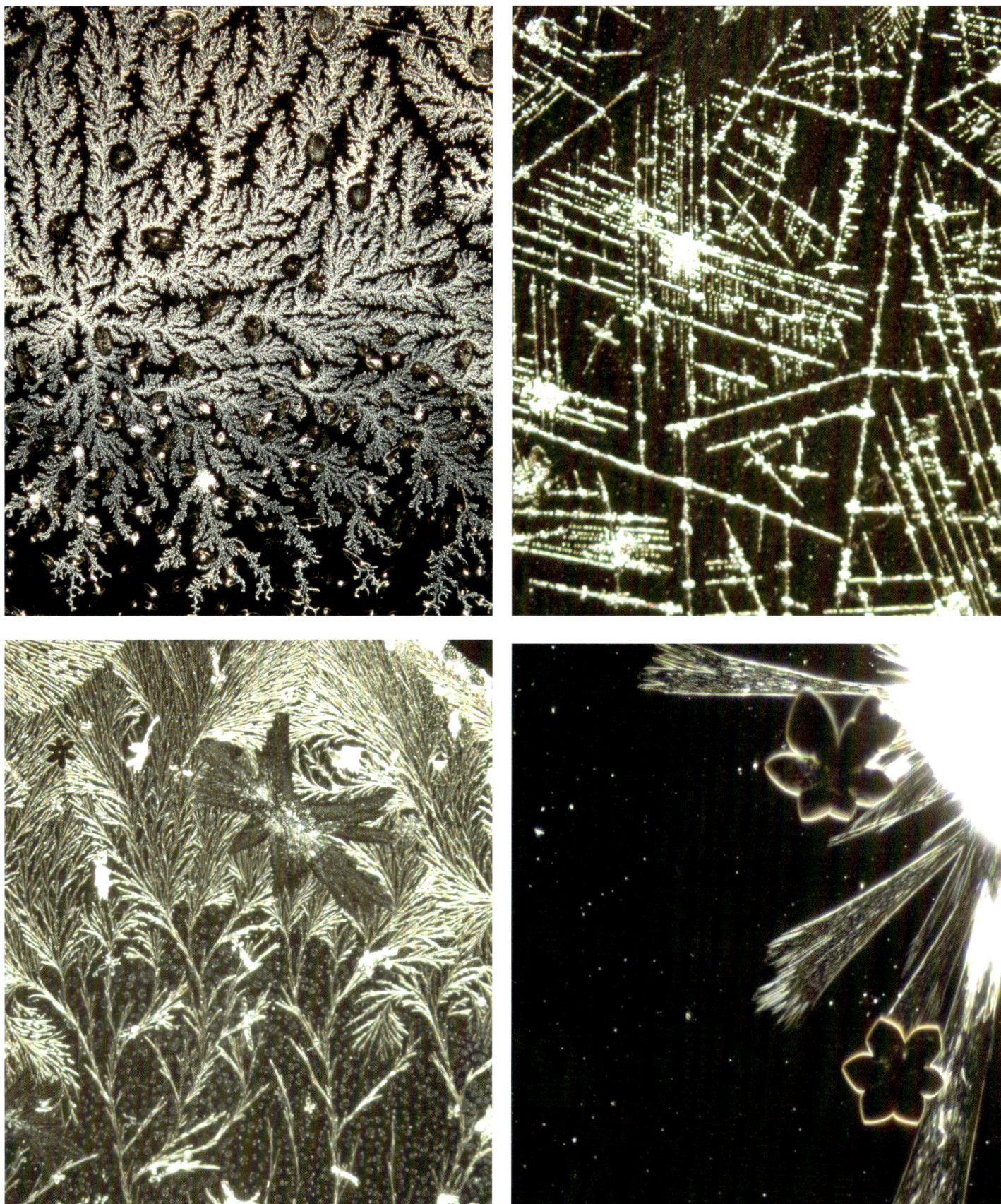

MEHR ALS NUR EIN
BLEISTIFTSTRICH
IN EINEM ARCHITEKTENPLAN

Terrazzo & Sichtestrich aus nachhaltigen Materialien
trägt die Besucher durchs Gebäude

Als wir Michael Hickmann, Inhaber von Gipp Estrich Industrie- & Designböden aus Hungenroth, kennenlernen, steht sofort fest: Mit ihm haben wir einen kompetenten und offenen Gesprächspartner gefunden. Der Hunsrücker strahlt und zeigt uns den Terrazzoboden und Sichtestrich, den er und seine Mitarbeiter im Rapunzel Besucherzentrum eingebaut haben. Mehr als 5000 Quadratmeter Bodenfläche haben er und seine Mitarbeiter bereits im Besucherzentrum bearbeitet. Weitere Flächen kommen noch hinzu.

MINERALISCHER BODEN MIT GRÜNEM ANDEER-STEIN

Die Herstellung von Terrazzo- und Estrichböden hat eine Jahrtausende alte Tradition. Schon die Römer und die Griechen verwendeten diese Böden in ihren Bauten.

Der Begriff Estrich findet seinen Ursprung im althochdeutschen „Esterih", das über das lateinische „Astracus" (Pflaster aus Tonziegeln) vom griechischen Wort für Scherbe abstammt. Scherben, wie bei den alten Griechen, werden im Besucherzentrum nicht verwendet, dafür aber Gesteinssplitter. Für den fugenlosen, zementgebundenen Terrazzoboden wird eine Sieblinie mit grünem Andeer-Gestein aus der Schweiz gemischt. Für den, verrät uns Michael Hickmann, hat Rapunzel Gründer Joseph Wilhelm eine Schwäche.

Der „Rapunzel Terrazzo" besteht ausschließlich aus natürlichen, mineralischen Materialien. Genauer:

aus einem hochwertigen ternären Bindemittel. Wie beim Backen werden die einzelnen „Zutaten" genau abgemessen und miteinander verrührt. Das Gemisch trocknet schnell – der Boden, auf dem wir stehen, wurde am Tag zuvor erst eingebracht.

Das ternäre Bindemittel hat noch einen wichtigen Vorteil. Dank ihm schwindet der Estrich nahezu nicht und bleibt formstabil. Denn er behält fast vollständig seine Feuchtigkeit in sich. Ohne das ternäre Bindemittel verhält sich Estrich wie ein nass gewordenes, wieder getrocknetes Blatt Papier: Er würde sich wellen und reißen. Was allerdings auch die Profis von Gipp nicht verhindern können, ist die Dehnung des Bodens aufgrund von Temperaturschwankungen. Abhilfe schaffen da Dehnungsfugen. Die fangen die natürliche Bewegung des Materials ab und verhindern darüber hinaus die Übertragung von Schall und Schwingungen.

Einen Sichtestrich- oder Terrazzoboden zu verlegen, ist höchst anspruchsvoll. Es gibt nur wenige Experten auf diesem Gebiet, die einwandfreie Qualität abliefern. Das ist auch der Grund dafür, dass eine Firma aus dem Hunsrück auf die Baustelle im Allgäu berufen wurde, bei der man eigentlich Wert auf regionale Zusammenarbeit legt. Das Architektenbüro hat sich nicht etwa gegen die regionalen Handwerker entschieden, sondern vielmehr für Michael Hickmann und seine Qualitätsarbeit. Denn nachdem die Architekten bei einer anderen Baustelle eine schlechte Erfahrung gemacht hatten, stand fest: Für Rapunzel muss es Gipp sein.

DER BODEN, DER UNS TRÄGT – EIN VERKANNTES TALENT?

Die Menschen nehmen den Boden oft nicht bewusst wahr. Sie treten ihn sozusagen mit Füßen, obwohl sie ohne ihn ihr Ziel gar nicht erst erreichen würden. Zu selten senken wir den Blick. Haben stattdessen immer schon die nächste Station im Kopf.

Doch der Estrich muss einiges leisten: Zum einen gibt es Sichtestrich und Terrazzo, die optisch einwandfrei sein müssen. Zum anderen ist er mitverantwortlich für Schallschutz, Füll- und Ausgleichsschutz, Brandschutz, Dämmung und Wärmeleitung.

KONSEQUENT NACHHALTIG: GLASSCHAUM UND NATÜRLICHER OBERFLÄCHENSCHUTZ MACHEN ESTRICH RECYCELBAR

Unter dem Sichtestrich ist der Ausgleichsestrich versteckt. Er umgibt Kabel und Rohre. Üblicherweise wird dieser aus EPS, also Styropor, gefertigt. Schon ist der Boden nicht mehr natürlich. Bei Rapunzel hat man sich für den ökologisch sinnvolleren Glasschaum entschieden, der mit Zement gemischt wird. Das kostet mehr als doppelt so viel, ist aber die einzige nachhaltige Alternative. „Solche Mehrkosten nehmen die Wenigsten auf sich", erklärt Michael Hickmann anerkennend.

„DARAN SIEHT MAN BEI RAPUNZEL, DASS NACHHALTIGKEIT WIRKLICH ERNST GENOMMEN WIRD."

115

Und auch bei der Bodenversiegelung geht Rapunzel den nachhaltigen Weg. Üblicherweise kommt dabei der Kunststoff Epoxidharz zum Einsatz. Im Besucherzentrum schützt ein teureres, aber natürliches Oberflächenschutzsystem den Boden auf silikatischer Basis. Damit ist der Boden zwar minimal empfindlicher was Verschmutzung angeht. Würde aber im Fall der Fälle – nämlich wenn der Boden herausgenommen werden müsste – bedeuten, dass er als Bauschutt weiterverwendet werden könnte, statt auf den Sondermüll zu gehen.

„Wir legen mit unserer Arbeit bei Gipp besonderen Wert darauf, Produkte zu schaffen, die die Gesundheit nicht belasten und die ökologisch nachhaltig sind. Deshalb werden unsere Böden alle weitestgehend aus natürlichen mineralischen Materialien hergestellt", betont Michael Hickmann.

DIE SCHÖNHEIT DES BODENS SICHTBAR MACHEN

Bevor es an die Versiegelung geht, wird der getrocknete Estrich aufbereitet. Entweder mit einer diamantbesetzten Schleifmaschine oder der Boden wird nur poliert und glänzt in Sichtbetonoptik. Dafür haben sich die Bauherren in den Treppenhäusern entschieden. Das Ergebnis der Aufbereitung mit der Schleifmaschine ist ein Terrazzolook, bei dem die enthaltenen Körner aufgeschliffen und freigelegt werden. Gesteinsfarben von Dunkelgrau und Braun über Grün zu Beige und Weiß treten zutage – so zum Beispiel im Foyer des Besucherzentrums. Jeder Boden wird damit zum Unikat.

Für Sie haben wir folgenden Vorschlag: Lassen Sie sich beim Betreten der Rapunzel Welt von all den tollen Dingen begeistern, die dort auf Sie im ersten Moment einströmen. Halten Sie dann aber kurz inne, senken Sie den Blick und nehmen Sie den Boden in all seiner Schönheit und Bedeutung wahr.

SICH WOHLFÜHLEN

ATMEN

ENERGIE

FLUSS

IN BEWEGUNG SEIN

G+H PROJEKTPLAN & WELSING SETZEN DIE RAPUNZEL WELT UNTER STROM

Ausgeklügeltes System für Elektro-, Sicherheits- und Kommunikationstechnik

Bis zu 60 km Kabel, 350 Schalter, Steckdosen und Bedienelemente, 250 Rauchmelder, ein EDV-Rechenzentrum und vieles mehr werden in der Rapunzel Welt verbaut. Die Fachplanung der Elektro-, Sicherheits- und der Kommunikationstechnik übergab Rapunzel vertrauensvoll Catalin Hilgarth von g+h Projektplan aus Eislingen/Göppingen, Planungsbüro für Gebäude- und Elektrotechnik. Kurz vor Fertigstellung des Gebäudes erzählt er uns, was ihn an seiner Aufgabe für die Rapunzel Welt fasziniert.

Grundsätzlich begeistert sich Catalin Hilgarth (links im Bild) vor allem für Sonderbauten, die viel Leidenschaft erfordern: „Gebäude wie das Besucherzentrum sind für die Bauherrschaft, die Mitarbeitenden und später für die BesucherInnen hoch emotionale Gebäude", erklärt der Fachplaner, der seinen Beruf bereits seit 25 Jahren ausübt. „Deswegen suche ich immer die emotionale Bindung zur Bauherrschaft und zum Bauwerk. Dann gelingt es umso besser, das fertige Bild vom Gebäude zu transportieren und die Bauherrschaft für völlig neue und teils ungewohnte Ansätze zu gewinnen. Rapunzel Geschäftsführer und Bauherr Joseph Wilhelm und Projektleiterin Seraphine Wilhelm sind uns da sehr entgegengekommen: Beide sind äußerst herzlich, gelassen und vertrauensvoll."

MIT VERTRAUEN UND TEAMWORK ANS ZIEL

Auch zwischen Catalin Hilgarth und den beteiligten Allgäuer Firmen hat sich großes Vertrauen aufgebaut – zu Edwin Münsch, Alexander Salb und Marco Klein (Filgis/Roh- und Innenausbau), zu Nadine Matzkat und Edmund Haug (BAU.PLAN21/technische Projektleitung), zu Andreas Greiner und Dieter Pointner (Minck/Sicherheitstechnik), zu Patrik Fest (Tronic Design/Medientechnik), Michael Stoll und Manfred Probst (Geiser/technische Gebäudeausrüstung) sowie Hans-Jörg Welsing und Matthias Zerbin (Welsing/Elektro- und Kommunikationstechnik; rechts im Bild). „Matthias Zerbin, zuständiger Bauleiter bei Welsing und Geschäftsführer von Elektro Zerbin, ist ein fachlich exzellenter Meister der Elektrotechnik, hoch engagiert, äußerst aufmerksam und ein absolutes Organisationsgenie, das in Spitzenzeiten bis zu 20 Installateure koordiniert. Der ist einfach spitze – fachlich wie menschlich", lobt Catalin Hilgarth seinen Kollegen auf der Baustelle. Mit dem nahegelegenen Familienbetrieb Welsing arbeitet Rapunzel bereits seit Jahrzehnten zusammen.

ELEKTROTECHNIK ALS LÖSER UNTERSCHIEDLICHSTER AUFGABEN

Aber was macht nun für Catalin Hilgarth die Elektrotechnik so besonders? Eine Frage, über die er lange nachdenkt und die er überraschend beantwortet. „Eigentlich wirkt die Elektrotechnik für sich genommen eher trocken. Da geht es viel um Normen, Physik und Mathematik. Spannend ist für mich vielmehr die Erwartungshaltung an das Gebäude", überlegt Catalin Hilgarth. „Denn Elektrotechnik muss vor allem funktionieren. Oder denken Sie explizit an Elektrotechnik, wenn Sie sich ein fertiges Gebäude vorstellen?

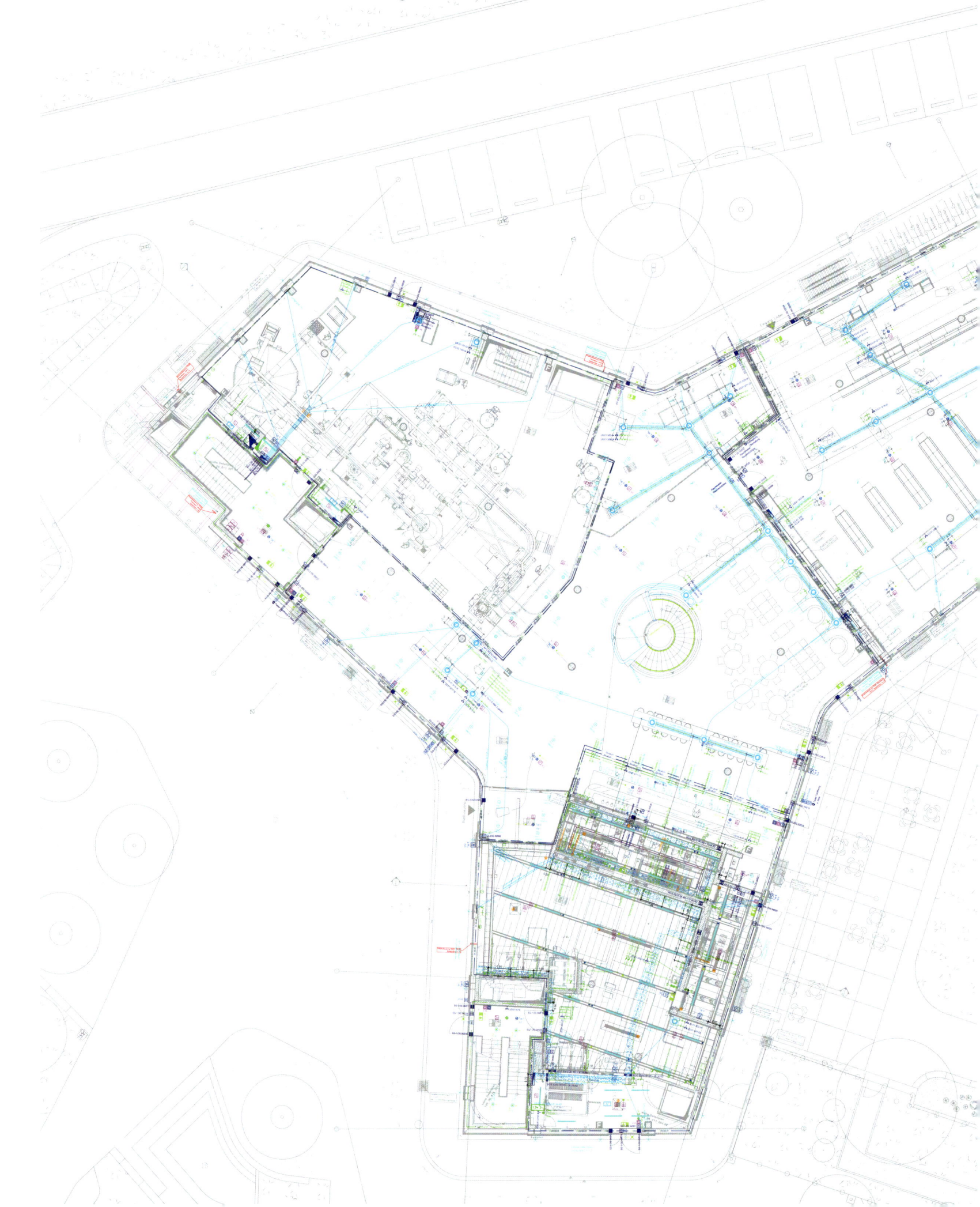

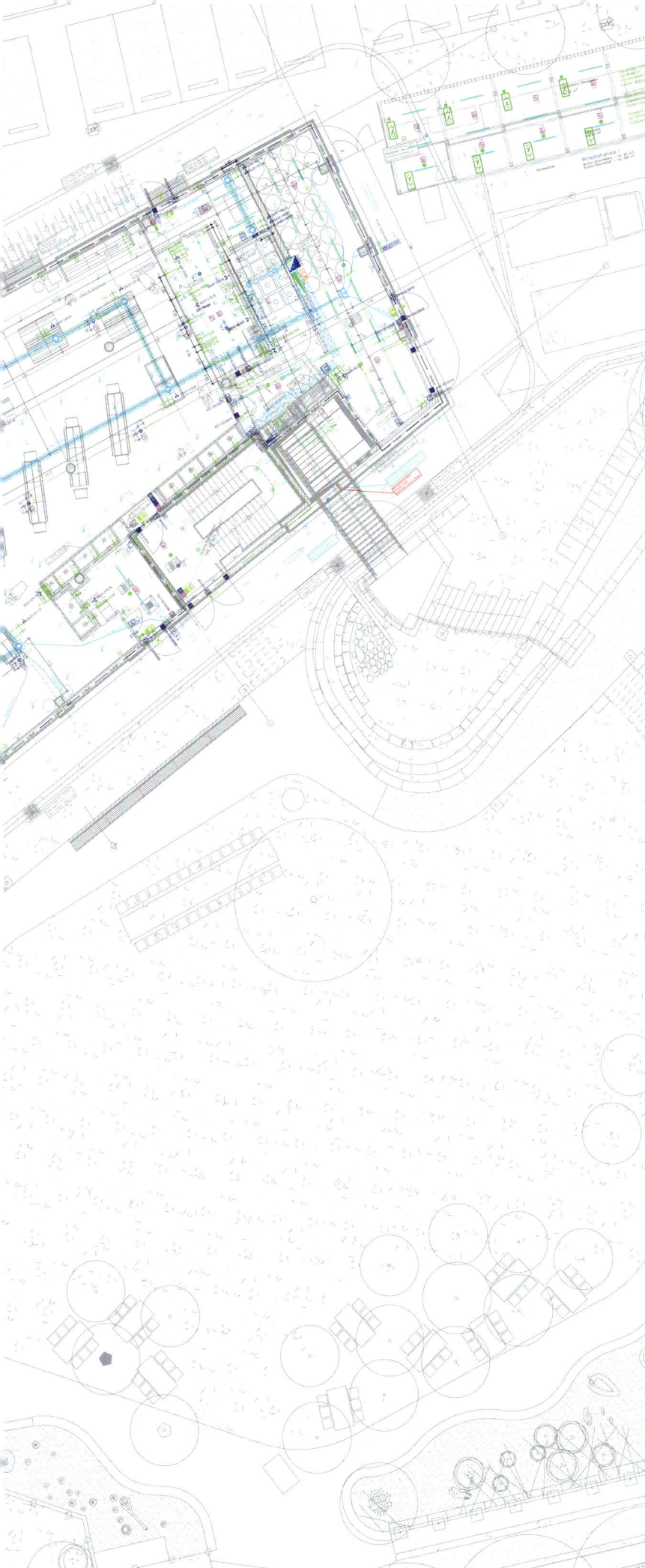

Wir sehen nur die gewünschte Funktion, z. B. dass sich das Gebäude nachts auf natürliche Weise abkühlen soll."

Für diese natürliche Temperaturregelung haben sich Catalin Hilgarth und das Büro Transsolar Energietechnik ein ausgeklügeltes System einfallen lassen, dank dem sich die Rauch-Wärme-Abzug-Kuppeln im Dach nachts automatisch öffnen, sobald die Außentemperatur unter die Innenraumtemperatur sinkt. Die Elektrotechnik vereint also viele Einzelgewerke im Gebäude zu einer funktionierenden Einheit und löst unterschiedlichste Aufgabenstellungen.

Früher ging es bei Elektrotechnik nur um „Licht an" und „Licht aus". Heute setzt sie ein Gebäude wie die Rapunzel Welt so richtig in Szene: Schafft mit der passenden Beleuchtungssteuerung Spannung im Museum, zaubert ein angenehmes Raumklima im Foyer und gibt dem gesamten Haus die Energie zum Leben.

LUFT & LAUNE
FÜR DIE BESUCHER

Behagliches Gebäudeklima dank der Fachplanung
von Transsolar

Die 4886 m² Haupt- und Neben-nutzflächen umfasst das Raum-programm der Rapunzel Welt – mit unterschiedlichsten Anforderungen an Lüftung, Beheizung und Kühlung. So braucht es z. B. für die Rösterei, in der mit dem Lebensmittel Kaffee gearbeitet wird, aus hygienischen Gründen ein an-deres Lüftungskonzept als für den Emp-fangsbereich. Dieser Herausforderung haben sich die Ingenieure von Transsolar Energietechnik gestellt. Und für jeden Bereich der Rapunzel Welt das individu-ell passende – aber niemals überdimen-sionierte – Konzept gefunden. Niemals überdimensioniert, weil die Experten aus Stuttgart die Gegebenheiten des Gebäudes zunächst genau analysieren und nicht un-gesehen aufwendige Anlagen planen. Das kann dann schon auch mal bedeuten, dass ganz altmodisch nur ein Fenster die Belüf-tung eines Bereichs übernimmt.

EIN AUF UND AB IN SACHEN LÜFTUNGS- UND ENERGIEKONZEPT

Wichtigstes To-do für die Lüftung ist, angemessen auf den schwankenden Bedarf durch die unterschiedlichen Besucherzahlen zu reagieren. Dafür sorgt zunächst eine mechanische Lüftung in den meisten Nutzungsbereichen für den notwendigen Grundluftwechsel. Darüber hinaus besteht die Möglichkeit, die Lüftung abhängig von der tatsächlichen Nutzung der Gebäudebereiche zu steuern.

Natürlich arbeitet die Anlage mit effizienter Wärmerückgewinnung. Das bedeutet, dass der Gebäudeabluft die Wärme entzogen wird, um damit die frische Zuluft zu beheizen. Das ist nicht nur umweltfreundlich, sondern spart auch Betriebskosten.

FÜR JEDEN BEREICH DIE PASSENDE FEINJUSTIERUNG

• Die Rösterei hat mit ihren Gasbrennern während des Betriebes einen hohen Luftbedarf. Deren Zuluft wird aus hygienischen Gründen über eine separate Lüftungsanlage mit Feinstaub- und Pollenfilter von außen zugeführt und im Winter in einem Luftheizregister vorgewärmt.

• Das Kochstudio und der Seminarraum im Obergeschoss haben eine einfache und natürliche Belüftung über Fenster.

• Die mechanische Lüftungsanlage versorgt den Bio-Markt und die Gastronomie, den Museumsbereich und die Büros. Die Zuluft für die Räume wird sowohl im Winter wie im Sommer angenehm temperiert.

• Für den Sommer besteht im gesamten Erdgeschoss sowie in den Büro- und Seminarräumen zusätzlich die Möglichkeit, nachts die Räume mit frischer Außenluft zu durchströmen und abzukühlen. So bietet das Gebäude auch an heißen Tagen einen sehr hohen Komfort.

• Die Beheizung der unterschiedlichen Programmflächen erledigt hauptsächlich eine Flächenheizung, denn in den meisten Bereichen ist eine Fußbodenheizung installiert. Für den Ausstellungsbereich und die Galerie wird mit einer sogenannten Bauteilaktivierung geheizt, das sind in die Betondecke eingelegte Rohre, durch die warmes oder kaltes Wasser fließt.

• Das Museum, das Atrium und der Seminarraum im Obergeschoss können ebenfalls über die Bauteilaktivierung aktiv gekühlt werden. Auch die Fußbodenheizkreise besitzen die Möglichkeit, auf Kühlmodus umzuschalten.

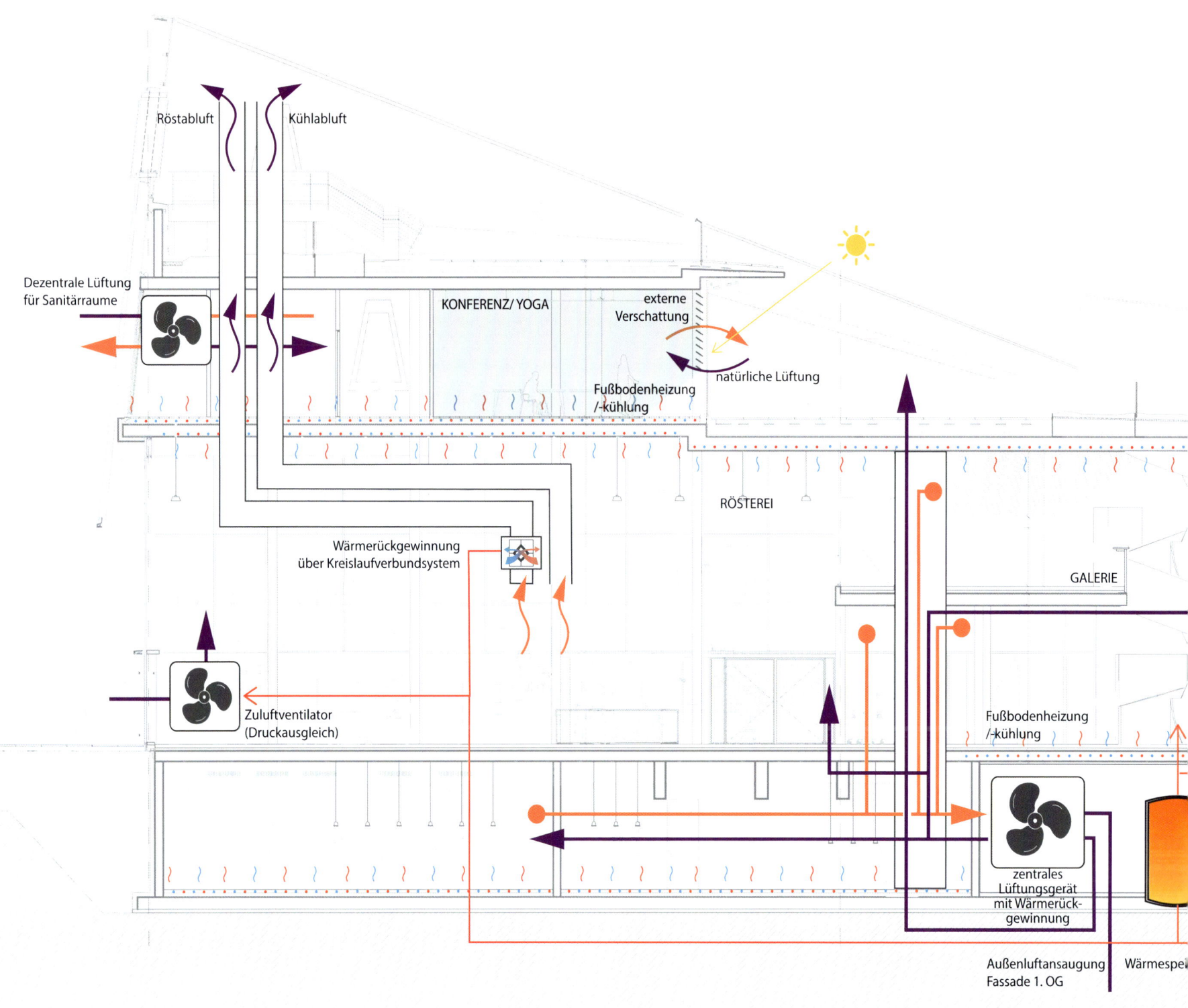

Röstabluft

Kühlabluft

Dezentrale Lüftung
für Sanitärraume

KONFERENZ/ YOGA

externe
Verschattung

natürliche Lüftung

Fußbodenheizung
/-kühlung

RÖSTEREI

Wärmerückgewinnung
über Kreislaufverbundsystem

GALERIE

Zuluftventilator
(Druckausgleich)

Fußbodenheizung
/-kühlung

zentrales
Lüftungsgerät
mit Wärmerück-
gewinnung

Wärmespe

Außenluftansaugung
Fassade 1. OG

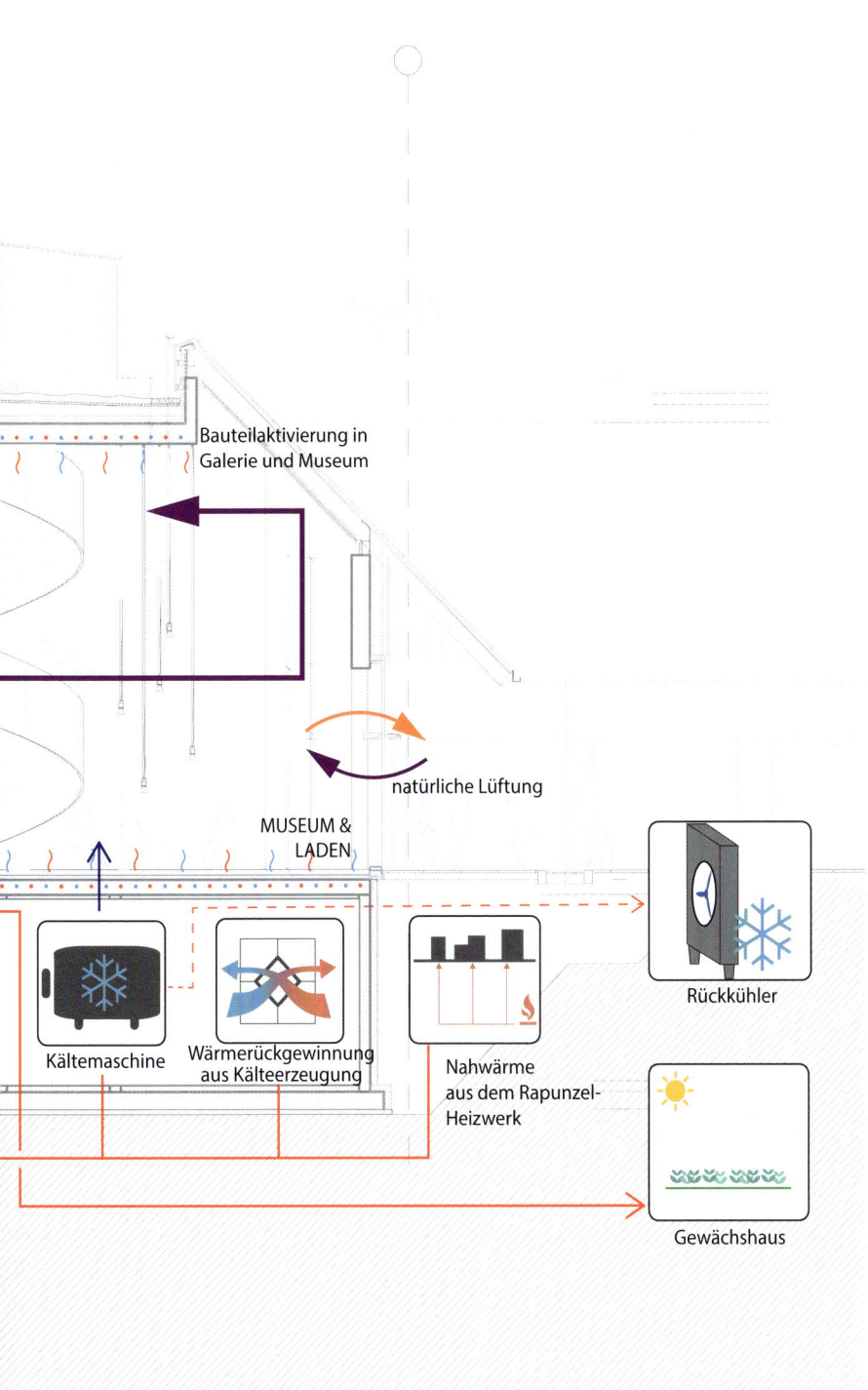

Bauteilaktivierung in
Galerie und Museum

natürliche Lüftung

MUSEUM &
LADEN

Kältemaschine

Wärmerückgewinnung
aus Kälteerzeugung

Nahwärme
aus dem Rapunzel-
Heizwerk

Rückkühler

Gewächshaus

AUSNUTZUNG IM SINNE ALLER:
WÄRMEERZEUGUNG

Absolutes Highlight ist die Idee von Transsolar, die Abwärme rückzugewinnen, die im Zuge des Kaffeeröstens entsteht. Diese Wärme liegt sogar über dem Bedarf, den das Gebäude mit 110 MWh/a im Durchschnitt hat. Steht der Röster allerdings einmal still oder ist es draußen klirrend kalt, unterstützt Wärme aus dem Rapunzel Energieverbund. Aber nicht nur die Abwärme aus der Rösterei wird aufgefangen. Auch die Abwärme aus der Kleinkälteerzeugung der Kühlhäuser, Kühlschränke und -theken, Tiefkühlschränke sowie der Serverkühlung kann genutzt werden.

Fazit: Die Wärmeversorgung der Rapunzel Welt wird über eine konsequente Ausnutzung der Abwärmepotenziale sichergestellt. Und das ist gar nicht mal wenig: Über das Jahr betrachtet bedeutet das einen Deckungsanteil der Abwärme am Gesamtwärmebedarf von 80 bis 85 Prozent. Wenn das nicht zu 100 Prozent begeistert!

MIT EFFIZIENZ AUF ALLE ENERGIEFRAGEN ANTWORTEN

Technische Gebäudeausrüstung von Gaiser

Kennen Sie das – man merkt erst, wie wichtig etwas ist, wenn es nicht mehr da ist. „Story of my life" würden da Heizung, Kühlung und Lüftung sagen. Funktioniert die Temperaturregelung, fühlen wir uns wohl und denken nicht weiter darüber nach. Ist es nur ein paar Grad zu warm, zu kalt oder zu luftig, fällt uns erstmals auf, was da alles im Hintergrund funktionieren muss.

An einem Tag im Winter treffen wir Harald Kretschmann (links im Bild), Geschäftsführer bei der Julius Gaiser GmbH & Co. KG mit Hauptsitz in Ulm, und deren Projektleiter für das Besucherzentrum, Michael Stoll (Bildmitte), auf der Baustelle in Legau. Die beiden verantworten die technische Gebäudeausrüstung im Besucherzentrum, sprich, die gesamte Technik rund um Wärme, Kälte, Sanitär, Lüftung und Klima. Als wir das bald fertige Besucherzentrum betreten, fällt uns in dem ehemals zugigen Rohbau sofort auf: Es ist warm. Die Heizung ist schon in Betrieb.

Weil Energie ein so unauffälliges Phänomen ist, spricht Harald Kretschmann gerne in Metaphern. Begriffe wie „Betonkernaktivierung" und „Wärmeübertragung" lassen sich für den Laien nur schwer erklären. Da wird die Hand über dem heißen Kochtopf zum Sinnbild für einen Wärmeübertrager und der Maßanzug die Metapher für individuelle Energiekonzepte. Wer Harald Kretschmann übrigens aus der Reserve locken möchte, benutzt den im Volksmund gängigen Begriff „Wärmetauscher". Wärme kann nämlich gar nicht getauscht werden, nur übertragen.

Der Maßanzug, also das individuelle Konzept, ist im Fall von Rapunzel aus dem Stoff „Nachhaltigkeit"

gefertigt und sitzt schon seit 2008 perfekt. Da wurde nämlich das erste eigene Biomasseheizkraftwerk in Betrieb genommen. Im Laufe der Jahre ist auf dem Rapunzel Firmenareal ein Energieverbund entstanden (bestehend aus Blockheizkraftwerk, Hackschnitzelheizung und Abwärmenutzung), an den nun auch das Besucherzentrum angeschlossen ist.

Nachhaltiger Energieeinsatz bedeutet aber nicht nur, nachhaltige Ressourcen einzusetzen – zum Beispiel Holzabfälle von Durchforstungsmaßnahmen für das Rapunzel Biomasseheizkraftwerk. Es bedeutet auch, vorhandene Energie nicht entwischen zu lassen: „Es ist immer die Energie am nachhaltigsten und kostengünstigsten, die ich gar nicht erst erzeugen muss", erklärt Kretschmann. Und hier kommt die Rösterei in der Rapunzel Welt ins Spiel.

KAFFEERÖSTEREI HEIZT GESAMTES GEBÄUDE

Einer der großen Besuchermagnete in der Rapunzel Welt wird neben u. a. einem Museum, einem Bistro und umfangreichen Außenanlagen die Kaffeerösterei sein. Hier gibt es dem Namen gemäß allerlei zu schauen. Aber dass Dank der Röstung meist das komplette Gebäude mit der Wärmeauskopplung der Abwärme geheizt werden kann, ist für das bloße Auge unsichtbar. Mit dieser energieeffizienten Maßnahme spart Rapunzel nicht nur Ressourcen, sondern schützt auch die Umwelt, in die keine warme Luft abgegeben wird.

Ist die Kaffeerösterei in Betrieb, entstehen bei einem Röstprozess ca. 600 Grad – das will und soll genutzt werden! Versteckt in einem silbernen Kasten (s. Bildmitte) und angeschlossen an die Rösterei sitzt ein Wärmeübertrager. Er fängt mithilfe von Lamellen, die sich erwärmen, die Abwärme auf. Eine Heizkreispumpe schiebt die gewonnene Abwärme dann in zwei Pufferspeicher im Keller.

Dieser Speicher funktioniert wie eine Batterie. Die zwei großen Tanks mit je 5000 l sind mit Wasser gefüllt und einer 18 cm dicken Isolierung ummantelt. Das Wasser, hier in seiner Funktion als Speichermasse, kann sich in den Behältern auf bis zu 85 Grad erhitzen und ca. zwei Tage dort gehalten und abgerufen werden.

An die Speicher angeschlossen sind mehrere Temperaturfühler. Über eine übergeordnete Steuerung (Mess-, Steuerungs- und Regelungstechnik) wird permanent abgefragt, ob in den Speichern genügend Heizwärme vorhanden ist, um das gesamte Gebäude zu beheizen. Diese Steuerung koordiniert und steuert die gesamte Wärmeversorgung des Gebäudes. Wo immer möglich, wird zuerst die Abwärme der Rösterei zur Wärmeversorgung verwendet.

Im Heizungsraum sitzt sozusagen das Gehirn der Heizung. Die Steuerung hier heizt bedarfsgerecht und arbeitet überwiegend mit der Abwärme aus der Rösterei. An besonders kalten Tagen, oder bei Stillstand des Röstprozesses, greift die Steuerung auf den Rapunzel Energieverbund zu. Damit man sich das vorstellen kann: Das wären dann bis zu 60 kW Wärmeenergie aus Holz-Hackschnitzeln und 140 kW von der Röstung, die dafür sorgen, dass es die Gäste im Gebäude mollig warm haben.

Vom Heizungsraum aus wird die Wärme dann über Rohrleitungen ins gesamte Gebäude geschickt. Insgesamt wurden im Besucherzentrum rund 24 km Rohrleitungen verlegt. Das System dahinter: Betonkernaktivierung und Flächenheizung. Hierbei liegen engmaschig verlegte Rohrleitungen im Boden und der Decke. Sie können sowohl heizen als auch kühlen. Das Ergebnis ist eine gleichmäßige, angenehme Wärme – anders, als wenn man frontal von einem Heizkörper angestrahlt werden würde.

16.000 M3/H GEBEN DEM GEBÄUDE DIE LUFT ZUM ATMEN

Neben dem großen Steckenpferd Heizung verantwortet Gaiser auch die Lüftung im Gebäude. In einem eigenen Raum, der Lüftungszentrale, laufen große strömungsgünstig geformte Lüftungskanäle ein, über die die Luft transportiert wird. Pro Sekunde legt die Luft darin 0,5 Meter zurück, 16.000 m^3 Luft laufen pro Stunde durch die Anlage. Zum Vergleich: Um einen WC-Raum durchzulüften, braucht es 60 m^3/h. Also denken Sie daran: Wenn Sie die Rapunzel Welt besuchen und überhaupt gar nichts merken, sich im Raum einfach wohlfühlen, dann haben Harald Kretschmann und sein Team einen ausgezeichneten Job gemacht.

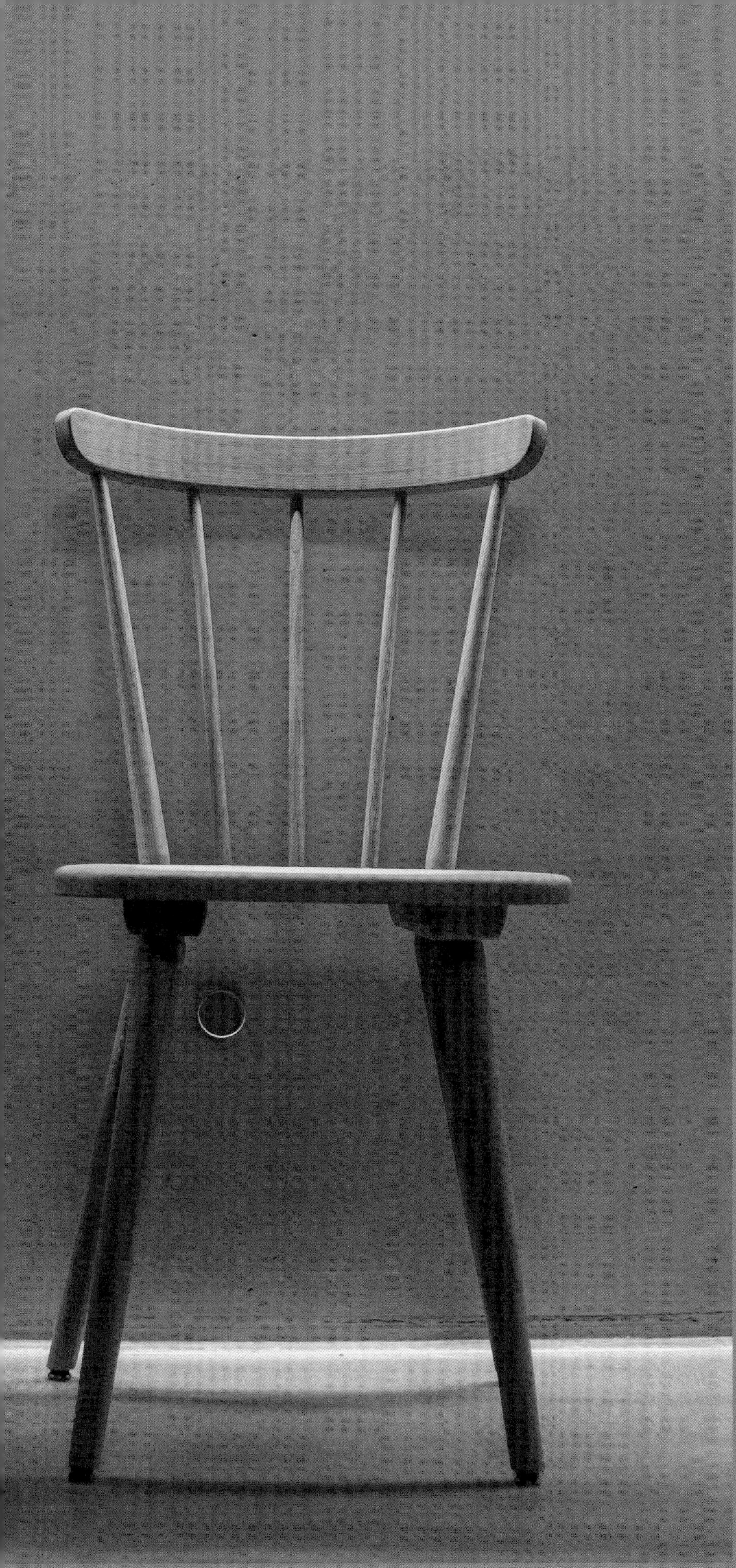

7 ZUSAMMENKOMMEN

SICH NIEDERLASSEN

BEIEINANDER

SEINEN WEG FINDEN

LIEBLINGSORT

ORIENTIERUNG

HOCH HINAUS

DIE LEICHTIGKEIT VON ZWÖLF TONNEN HOLZ

Zentrale Wendeltreppe als subtiler Blickfang

Den einen dienen Treppen lediglich dazu, Höhen zu überwinden. Die anderen sehen die Treppe an sich als Attraktion. Jörn Brenscheidt, Geschäftsführer von hokon Treppen, einer Manufaktur zur Holzverarbeitung aus Witten, verbindet beides auf raffinierte Weise. Der Treppenhersteller stellt für das Besucherzentrum eine elegante Treppe her, von der er sich wünscht, dass die Besucher sie unterbewusst total klasse finden, ohne genau wahrzunehmen, warum.

IM KERN DES GESCHEHENS: DIE TREPPE ALS ZENTRALES VERBINDUNGSSTÜCK

Wir treffen den Treppenbauer an einem der ersten Frühlingstage auf der Besucherzentrumsbaustelle. Dort, wo sich künftig eine Wendeltreppe Richtung Dachterrasse schwingt, sehen wir aktuell zwar nur ein großes, kreisförmiges Loch im Boden. Dieses lässt uns aber bereits jetzt die Dimensionen der Treppe erahnen – sie wird eine der größten, die Jörn Brenscheidt je gebaut hat. Ca. Zwölf Tonnen schwer, 14.5 Meter hoch und gefertigt aus Massivholz.

Ihren Platz wird die Treppe zentral im Atrium und damit als eine Art Verbindungsstück zwischen den drei Gebäudeflügeln in die Breite und den drei Geschossen in die Höhe einnehmen. „Man könnte fast meinen, das Gebäude wurde um die Treppe gebaut", schmunzelt Jörn Brenscheidt. Damit die Treppe nicht schwingt wie Rapunzels Zopf, an die sie ein wenig erinnert, halten sie an den An- und Austritten je zwei Stahlbleche und unzählige

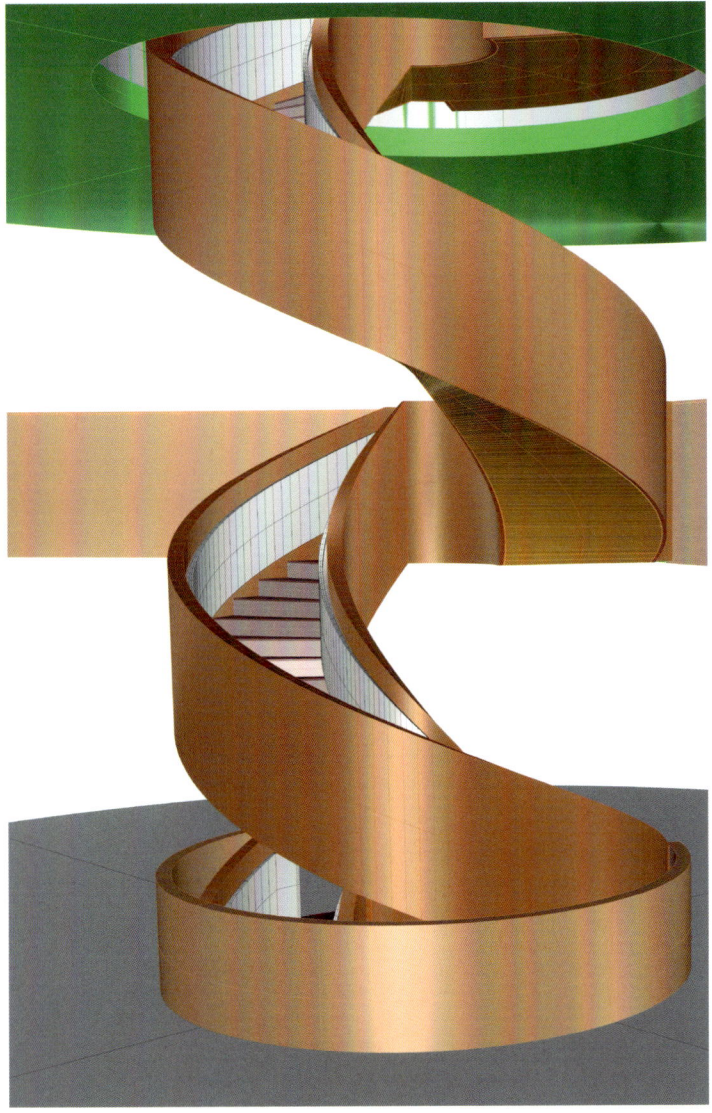

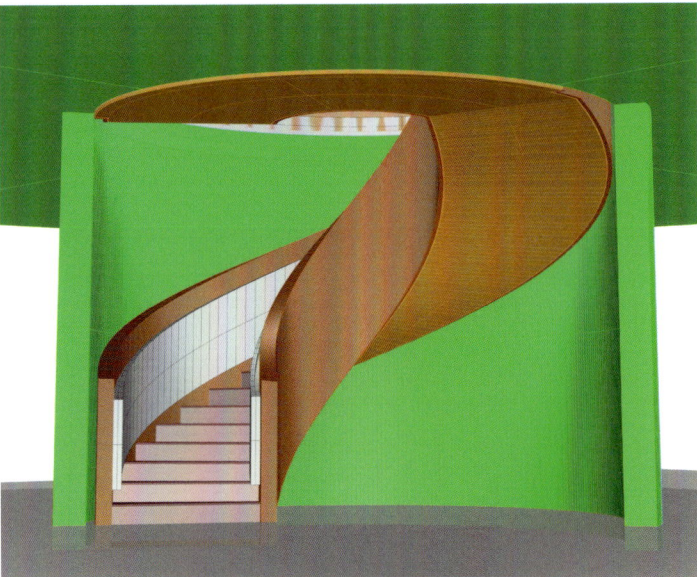

Stahldübel. Und natürlich stabilisiert auch die Bodenplatte, also sozusagen ihr Standbein.

Der gelernte Schreiner Jörn Brenscheidt tritt bescheiden auf. Erst im Laufe des Gesprächs rückt er damit heraus, dass er die größte Massivholztreppe der Welt gebaut und sich die Kunst des Treppenbaus in Eigenregie beigebracht hat. Wovon er uns hingegen sofort erzählt, ist seine Begeisterung für das Besucherzentrum und die Zusammenarbeit mit Rapunzel.

FAIRES MITEINANDER & KONSEQUENTE NACHHALTIGKEIT

Das faire Miteinander und die wertschätzende Zusammenarbeit – das macht es für Jörn Brenscheidt so besonders, an der Rapunzel Welt mitzuwirken. Selbst wenn einmal nicht Friede-Freude-Eierkuchen-Stimmung herrsche, spreche man auf Augenhöhe und finde gemeinsam eine Lösung. Und es werde nur verlangt, was man selbst auch bereit wäre zu geben. Erstaunlich, wie Jörn Brenscheidt hier ein Verhalten beschreibt, auf das Rapunzel vor allem bei der Zusammenarbeit mit den Bäuerinnen und Bauern im Ursprung großen Wert legt, aber eben auch im Umgang mit allen anderen Partnern.

Nachhaltigkeit ist ein weiteres Stichwort für Jörn Brenscheidts Begeisterung: „Das wird hier sehr ernst genommen. Rapunzel arbeitet konsequent nachhaltig und bezahlt das auch – beim Portemonnaie hört es nämlich bei vielen auf." So kommt das Holz für die Treppe (außen Eiche, innen Fichte) aus nachhaltiger Forstwirtschaft aus Deutschland und Österreich. Und der Holzabfall, der beim Bau der Treppe entsteht, wird auf Empfehlung von Jörn Brenscheidt aufwendig sortiert und für das Hirnholzparkett für den Ausguck auf die Rösterei und das Parkett im Yogastudio zugeschnitten – obwohl Rapunzel ein kostengünstigeres Angebot für „neues" Holz vorlag. Damit die Treppe die vielen Besucherfüße verkraftet, schützt sie ein neues nachhaltiges Naturöl in Bio-Qualität. Trotz der Behandlung mit 400 Liter Öl zaubert es einen Rohholzeffekt.

PER KRAN INS GEBÄUDE:
DIE DAUMEN SIND GEDRÜCKT

Spannend wird es, wenn die Treppe mit einem Kran über das Dach ins Gebäude einzieht. „Wir wissen noch nicht, wie wir das hinkriegen, haben unterschiedliche Möglichkeiten durchgespielt. Aber dass wir es schaffen, so viel steht fest." Da drücken natürlich auch wir alle Daumen.

Nur einen Wunsch können wir Jörn Brenscheidt leider nicht erfüllen: Die Treppe nur unterbewusst klasse zu finden.

VON DER LIEBE ZUM ECHTEN

Echtholzmöbel von Schreinerei Konrad

Da kam einer, der sah ein bisschen wilder aus in seinem Wollpullover und den Stiefeln und fragte uns nach Fenstern. Ob der die wohl zahlen kann, argwöhnten die Eltern. Hippies kannten wir bei uns im Dorf nicht. So erinnert sich Georg Konrad, Schreinermeister und Inhaber der Schreinerei Konrad in fünfter Generation in Kimratshofen, an sein erstes Treffen mit Rapunzel Gründer Joseph Wilhelm. Neun Jahre war er damals alt und damit vier Jahre älter als die Firma Rapunzel im Jahr 1979.

Die Skepsis der Eltern verflog schnell, das Vertrauen folgte. Heute ist Schreiner Konrad sozusagen der Haus- und Hofschreiner von Rapunzel – die Firmensitze liegen nur zehn Autominuten voneinander ent-

fernt. Dank der schönen Holzarbeiten von Schreiner Konrad essen die Rapunzel Mitarbeitenden täglich in angenehmer Atmosphäre im Bio-Restaurant und arbeiten an höhenverstellbaren Holztischen in den Büros. Diese wunderbaren Möbel wünschten wir uns natürlich auch für die Innenausstattung in der Rapunzel Welt!

MASSIVE EICHENHOLZMÖBEL UND GERADLINIGER STIL

Zwar leitet sich das Wort Schreiner von dem Wort „Schrein" ab (kastenförmiger Behälter, Schränkchen), für die Rapunzel Welt bauen Georg Konrad und sei-

ne vier Angestellten aber natürlich so viel mehr. Von der Garderobe im Untergeschoss, der Büroausstattung, den Akustik-Schrankwänden für den Seminarraum über die Theken für den Empfang und den Yogaraum bis zu einer Kochwerkstatt. Das meiste davon aus Massivholz Eiche gefertigt.

Die fast fertige Kochwerkstatt dürfen wir bei unserem Besuch in der Schreinerei in Kimratshofen begutachten. Sie steht in der großen Halle des Schreiners, die sich – von außen nicht sofort einsehbar – hinter einem urigen Allgäuer Wohnhaus versteckt. Modern, klar, schlicht und geradlinig wirkt die Küchenzeile für die spätere Kochwerkstatt im Besucherzentrum, in der regelmäßig Kochevents statt-

finden sollen. Man ist sofort versucht, seine Hände über die schönen Holzoberflächen gleiten zu lassen. Dass es sich dabei um Massivholz handelt, sehen wir, als wir die Schranktüre öffnen: Die Holzmaserung verläuft von der Frontseite bis auf die Rückseite durch.

Nicht nur uns gefällt die Küche, auch der Schreiner ist von den Plänen des Architekten und dem zeitlosen Design überzeugt. Wir fragen ihn, ob er bei der Küchengestaltung noch viel eigene Meinung eingebracht habe. „Wenn es ein gutes Design ist, dann muss ich da nichts verbessern. Es ist nicht richtig, nur das eigene Ding super zu finden", erklärt er und gibt uns damit gleich eine Weisheit fürs Leben mit.

DAS HANDWERK IN DIE (HOLZ-)WIEGE GELEGT BEKOMMEN

In der Werkstatt gibt es Maschinen für alles. Die eine presst und verleimt Bretter, die andere schleift mit riesigen Schleifbändern. Klar, wie könnten sonst Möbel in solchem Maßstab produziert werden. Und trotzdem werde auch noch viel von Hand gemacht. Daran erinnert auch der ehemalige Arbeitsplatz von Teammitglied Opi, wie es noch liebevoll auf der Firmen-Website steht, zu Ehren von Georgs Vater. Er habe immer viel gedrechselt und allen etwas geschenkt. Und ehe wir uns versehen, verschwindet schon die Hand des Juniors in einer der Schubladen des Opis und befördert einen gedrechselten Pilz für uns heraus.

Dass Georg Konrad Schreiner zum Beruf wählen würde, war eigentlich schon immer klar: „Du brauchst nicht studieren, du wirst Schreiner", sagte der Pfarrer im Religionsunterricht in der vierten Klasse. Zwar habe er gewusst, dass er alles hätte werden können, erzählt der heutige Inhaber, habe das Handwerk aber praktisch in die Wiege gelegt bekommen. Mit drei, vier Jahren habe er schon gesägt. Und eine Tradition, die verpflichtet eben auch: „Einer muss ja der Fels sein", sagt er mit einem Schulterzucken.

ECHT MUSS ES SEIN: IM HANDWERK WIE IM LEBEN

Holz ist ein Material, das wie kein anderes Wärme und Ruhe ausstrahlt. Zwar könne die moderne Technik heute unter Zuhilfenahme von Kunststoff, Digitaldruck und Pressspan (das sind zu Platten gepresste Holzspäne) Materialien herstellen, die in Struktur und Optik dem Original täuschend ähnlich sehen, sie fühlen sich aber kälter, einfach nicht echt an. Und wie ist das bei Rapunzel Geschäftsführer Joseph Wilhelm? (rechts im Bild)

„Neulich", lässt uns Georg Konrad einblicken, „da war Joseph ganz stolz, als er das letzte Pressspanmöbel losgeworden ist. Von Rapunzel kriegen wir sogar alte Massivholzmöbel zurück und sollen etwas Neues daraus machen. Das ist für uns schon eine Seltenheit und wirklich konsequent nachhaltig gedacht."

Am Ende unseres Besuchs haben wir verstanden, was den Schreiner Georg Konrad und den Unternehmer Joseph Wilhelm verbindet. Der Wunsch nach Echtem. Sei es in Form von massiven Holzmöbeln oder in Form von echten Bio-Lebensmitteln, die im Einklang mit der Natur und den Menschen, die sie herstellen, produziert werden. Was für ein Glück, dass damals in den 70ern das Vertrauen über die Skepsis dem Fremden gegenüber siegte.

VON EINEM STUHLHERSTELLER, DER HOCKER LIEBT

Möslang Sitzmöbel fertigt mit viel Expertise Stühle und andere Möbel für die Inneneinrichtung

Winterstetten. Kleinod für Wintersport und Heimat eines der letzten Stuhlhersteller in Süddeutschland: Bei Möslang Sitzmöbel werden heute keine Skier und Wagenräder mehr gefertigt, sondern verschiedenste Stühle.

Geschäftsführer Hannes Mendler leitet die familiengeführte Schreinerei mit eigenem Holzlager und kleiner Polsterei in vierter Generation. Gelernt hat er eigentlich Innenausbau, entdeckte dann aber die Liebe zur traditionellen Stuhlherstellung wieder – wie schon sein Vater und sein Großvater. Ein Glück für Rapunzel: Denn für die Rapunzel Welt fertigen Hannes Mendler und sein Team dreierlei Arten Stühle, außerdem Bänke, die Einrichtung für den Laden und den Pop-up-Store sowie alle Möbel für das Museum – fast ausschließlich aus Massivholz!

Das wintergeschlagene Holz aus heimischen Beständen kauft der Schreiner in einem Umkreis von 50 km direkt beim Forstbetrieb und lagert es drei Jahre bei sich auf dem Gelände. Erst danach kommt es in die Trockenkammer. „So verzieht sich das Holz nicht und ist einfach entspannter", erklärt der Geschäftsführer.

VERGESSENES HANDWERK

Die Stuhlherstellung lohnt sich heute für die meisten Schreiner nicht mehr. Von den 15 Stuhlherstellern in Süddeutschland, die noch vor 14 Jahren existierten, gibt es inzwischen nur noch drei. Kosten und Aufwand sind einfach zu hoch. Deshalb kommen Stühle heute oft aus Osteuropa zu uns. Der Preis dafür sind eine geringe Überlebenszeit der Stühle von fünf bis zehn Jahren und ein hoher Ressourcenverbrauch. Denn statt runde und gebogene Teile wie z. B. die Rückenbretter traditionell zu biegen, sägt man sie bei der Billigproduktion einfach aus. Die Folge: Hoher Materialverlust und vor allem ein instabiler Stuhl. Denn nur wer der natürlichen Wuchsrichtung des Holzes folgt, erlangt wirkliche Stabilität. Deshalb wird bei Möslang Holz zunächst im Dampfkessel weich gemacht und dann über eine Biegeform gezogen, wo es trocknet. Das macht heute kaum noch jemand.

Auch die passenden Maschinen haben nur noch wenige. Mit diesen kann Hannes Mendler z. B. eckige Zapfen fertigen für den stabilen Übergang von Rückenlehne zur Sitzfläche – anstelle von runden, wie sie die CNC-Fräse fertigt. Für die Löcher für die gedrechselten Stuhlfüße ist die CNC

ebenfalls nur die zweite Wahl. Hannes Mendler setzt lieber auf einen Bohrautomaten und dübelt darüber hinaus noch von Hand. „So können wir an kleinen Punkten den Qualitätsunterschied machen."

AUF DEM WEG ZUM PERFEKTEN STUHL FÜR DIE RAPUNZEL WELT

„Manche planen ihren Stuhl einfach auf der CNC – dann gibt die CNC vor, was geht. Wir entwerfen zuerst den Stuhl und produzieren dann.

Und wir probieren den Stuhl immer auch in seiner Umgebung aus, schauen, wie er sich einfügt. Das kann man vorher nie wissen", sagt der Stuhlexperte.

Für das Rapunzel Bistro entstehen 170 Stühle in einer Form, die exklusiv für Rapunzel entworfen wurde. Mit seinen geschwungenen Sprossen, der organischen Form und der modernen, abgeschrägten Sitzplatte ist das Modell für Hannes Mendler eine Mischung aus altem englischen Landhausstil und dem Skandi-Look. Man könnte fast sagen: Bunt wie Rapunzel selbst.

Bleibt nur noch die Frage, welches denn Hannes Mendlers liebstes Stuhlmodell ist? Seine Antwort verblüfft: „Daheim sitze ich einfach auf einem Hocker. Ich kann mich da einfach nicht festlegen und bin noch auf der Suche nach meinem perfekten Stuhl." Bei so viel Auswahl auch kein Wunder.

HAUPTSACHE
AUSSERGEWÖHNLICH

Thekenbau und Großküchentechnik von AllgäuGast

Als wir an einem kalten Wintertag vor dem Gebäude der AllgäuGast GmbH stehen, sind wir zunächst nicht sicher, ob wir hier richtig sind. Nur ein kleines Schild mit dem Firmennamen bestärkt uns darin. Doch nachdem wir eine Laderampe erklimmen und das schwere Rolltor hochfährt, öffnet sich dahinter eine andere Welt. Es riecht nach Kaffee und Holz, es ist angenehm warm, und das Radio röhrt durch die modern eingerichtete Halle. Einer der beiden Geschäftsführer, Umut Arin, hat uns in seinem Büro aus Glas schon entdeckt und winkt. Er plant den Gastro-Bereich für die Rapunzel Welt.

Umut Arin ist eine Erscheinung für sich: Schwarze, zum Zopf gebundene Haare, Tattoos auf den Armen und den Schalk im Nacken. Wir fühlen uns, als würden wir ihn bereits Jahre kennen. Gleichzeitig ist er kein Typ, den man mental sofort in eine Schublade steckt. Da ist zum einen der praktische, bodenständige Geschäftsführer, der in der CAD-Software Großküchen bis ins Detail plant, sich stundenlang in seinen Computer vertieft und das Unternehmen samt zugehöriger Rösterei schnell groß gemacht hat.

Und da ist zum anderen der visionäre, ruhelose Künstler, der privat wie beruflich das Außergewöhnliche sucht und jedes Sonderprojekt mit Feuereifer angeht.

Diese Mischung macht ihn zum perfekten Partner für Rapunzel und die Gastro-Ausstattung der Rapunzel Welt. Für seine Kunden macht er alles möglich – „Ihr wollt die längste Theke, die ich je gebaut habe, ihr kriegt sie" – und weiß, wie er luftige Visionen in konkrete Formen bringt.

MODERNE UND NATURBELASSENE AUSSTATTUNG FÜR RAPUNZEL

Die Vorgaben von Rapunzel für die Gastro-Innenausstattung im Besucherzentrum sind eindeutig: Geradlinig und modern soll der Stil sein und es darf nichts Chemisches eingesetzt werden. Stattdessen werden – anders als bei 90 Prozent der Aufträge, die AllgäuGast sonst erhält – hochwertige, naturbelassene Beschichtungen gewählt, wie etwa Naturöl.

Bei den Holzmöbeln und der zwölf Meter langen Küchentheke im Bistrobereich verwendet AllgäuGast Buche Multiplex (zusammengepresstes Naturholz) und Eiche Massiv (natürliches, zusammengeleimtes Schnittholz).

An der Theke werden später Pizza, Pasta und Pane ausgegeben, es gibt eine Kuchentheke und frisch gemahlenen Kaffee sowie Platz für zwei Kassen. Was er sich wünsche, dass die Gäste sagen, wenn sie die The-

ke sehen, fragen wir ihn. „Geil", kommt es wie aus der Pistole geschossen und er lacht aus vollem Herzen.

Neben den Teilen aus Holz wird bei AllgäuGast auch viel mit Stahl gearbeitet, etwa für die Küche, die Backstube und das Backstubenlager. Darüber hinaus umfasst der Großauftrag von Rapunzel die Frischtheke im Bio-Markt, die Weinbar, die Clubbar, den Vorbereitungsraum für die Bar und das Backstubenlager im Keller, die Kühlzellen fürs ganze Haus, eine mobile Küche für die Kochshows und mobile Tische.

Und nicht zu vergessen: den großen, hölzernen Baum, der am Ende des Museums im Besucherzentrum zum Verweilen einlädt. Sein Stamm ist der einer alten Linde aus dem Heimatdorf von Joseph Wilhelm, dem Rapunzel Gründer. Die Konstruktion lässt sich sehen. Sie verbindet den bereits existierenden Stamm mit den kreativen Ideen für die Baumkrone von AllgäuGast. „Ich mag nichts, was normal ist", beschreibt sich der Geschäftsführer.

CAD, CNC, UND GANZ VIEL TEAMGEIST

Für Umut Arin ist jeder seiner acht Mitarbeitenden wichtig. Die Frage, ob er hier alle Tätigkeiten zur Not selbst übernehmen könnte, quittiert er mit einem Stirnrunzeln. Hier funktionieren er und sein Team wie eine Kette, in der kein Glied fehlen darf. Wenn sie etwas bauen, erfreuen sie sich gemeinsam am Ergebnis und sagen: „Schaut, was ich gebaut habe!" Seine Tätigkeit fühlt sich für ihn nicht wie Arbeit an. Sie ist sein Leben.

Nachdem uns Umut Arin seine technisch hochspannende Tätigkeit in der Planung mit CAD gezeigt hat, nimmt wieder das Spielerische überhand. „Kommt, ich mach euch was Lustiges", sagt er, und geht mit uns zu der modernen 5-Achsen-CNC-Maschine. Das Bauen habe sich verändert, erklärt er, er arbeite viel am Computer, und viele Arbeitsschritte übernimmt die Fräse.

Vor unseren Augen fräst die Maschine dann „Rapunzel" in das Holz. Wir dürfen es mitnehmen. Und freuen uns wie Kinder darüber.

Früher, erzählt Arin, da war er viel unterwegs. Heute ist er ruhiger geworden und hat sich gefunden. Und ist dabei stets auf der Suche nach neuen Herausforderungen wie der Rapunzel Welt.

SIE HABEN IHR ZIEL ERREICHT

Orientierungs- und Leitsystem für die BesucherInnen

INTERVIEW MIT
ANDREAS KOOP
VON DESIGNGRUPPE KOOP

Ein Thema, das leicht übersehen wird und doch entscheidend dafür ist, dass die Rapunzel Welt von den Gästen entdeckt und verstanden werden kann, ist die Signaletik. Mittels Piktogrammen, Schrift und Symbolen orientiert sie die BesucherInnen und bringt eine ganz eigene Stimmung in das Gebäude.

Die Konzeption und Gestaltung dafür – sprich die Entwicklung von Logik, Schrift, Piktogrammen und Materialien – hat die designgruppe koop entworfen. Das 1995 gegründete und vielfach international ausgezeichnete Büro aus dem Allgäu konzentriert sich auf die Themen Inklusive Signaletik und Szenografie, Identität und Kommunikation. Im Gespräch erklärt uns Andreas Koop, Gründer und Inhaber der designgruppe koop, wie er und seine Frau Nadine den passenden Code für die Rapunzel Welt geschrieben haben.

Herr Koop, beschreiben Sie uns bitte, wie Sie an das Projekt herangegangen sind.

Andreas Koop: Herausfordernd war für uns zunächst das Fehlen praktisch jeglicher nutzbarer Wandflächen – die Decken wiederum sind zu hoch, der Boden zu unruhig. Deshalb sind wir dann auf die Idee mit den Säulen gekommen. Die immerhin waren wirklich überall dort, wo wir sie brauchten. Und diese wollten wir „umspielen".

Mit der Materialität sollte parallel auch ein ästhetischer, vor allem aber emotionaler Kontrast, ein Komplementär zur Architektur geschaffen werden, die im Inneren von Sichtbeton und Terrazzoböden bestimmt ist. Also etwas Wärmeres, das mit Holz gut lösbar war. Über die Differenzierung der Hölzer kann dazu noch eine Nuancierung und Codierung – das dunklere Holz, die Eiche, immer auf der Etage, wo ich gerade bin beispielsweise – erreicht werden. Ergänzt wird ein warmes, leuchtendes Gelb.

Wie haben Sie die perfekte Schrift für Rapunzel gefunden?

Andreas Koop: Schrift ist der fast immer unterschätzte, aber substanzielle und mindestens unbewusst wahrgenommene und wirkende Parameter bei aller Gestaltung. Wichtig war es für uns, eine Schrift zu finden – zur Not auch in Abweichung zur Hausschrift –, mit der funktionale und emotionale Aspekte erfüllt beziehungsweise repräsentiert werden und damit gleichermaßen etwas von der Haltung des Unternehmens. Bei Signaletik natürlich im Fokus: die Lesbarkeit. Die ist in solchen Anwendungen und Kontexten in der Regel mit einer Schrift ohne Serifen besser erfüllt. Da man oft viel Abstand dazu hat, kommt ein weiterer Punkt hinzu: möglichst hohe Kleinbuchstaben, die sogenannte X-Höhe, die seit rund zehn Jahren interessanterweise eigentlich bei allen neuen Schriften „gewachsen" ist, helfen dabei enorm.

Auch war es uns wichtig, etwas „Weltanschauliches" mitschwingen zu lassen, nichts Ideologisches freilich.

Weshalb auch, nicht nur durch die problematische Lesbarkeit, klassisch anthroposophische Schriften, wie bei Weleda beispielsweise, nicht in Frage kamen. Bei der schließlich ausgewählten Schrift „Sanserata" schien uns das alles erfüllt. Das eine – Lesbarkeit – sehr ausgeprägt, das andere – der Aspekt von Haltung, von Werten – subtil und elegant erfüllt. Dazu eine recht junge Schrift, die man noch nicht überall schon gesehen hat.

Was ist neben der Schrift noch wichtig?

Andreas Koop: Nach der Schrift galt als Nächstes den Piktogrammen unsere Aufmerksamkeit. Auf Leitsystem-Anwendungen steht beides ja eigentlich immer nebeneinander und informiert die Gäste als visuelle und semantische Einheit.

Wir gestalten sie in der Regel immer neu. Nicht, um „bessere" zu machen im Sinne von De-/Codierung oder Semantik, sondern im Sinne der Stimmigkeit, Schlüssigkeit und Stringenz in der spezifischen Signaletik. So werden dann die Buchstaben regelrecht „seziert" und versucht, mit charakteristischen Elementen die Icons, die Zeichen „zu bauen". Und um damit eben eine Einheit und Durchgängigkeit zu erreichen, die wahrnehmungspsychologisch vorteilhaft und gestalterisch geboten ist.

Herr Koop, wir bedanken uns für das Gespräch.

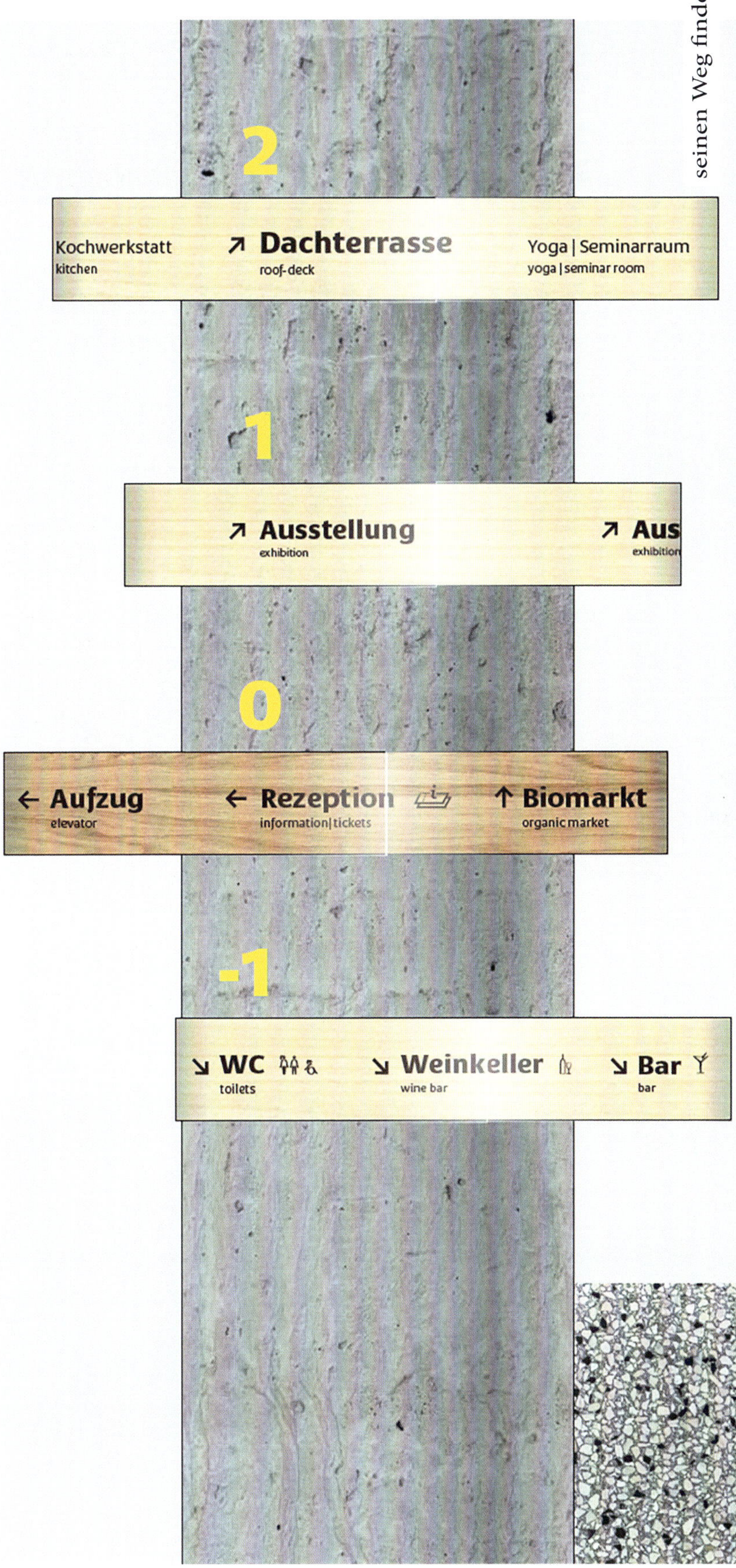

2

| Kochwerkstatt | ↗ **Dachterrasse** | Yoga | Seminarraum |
| kitchen | roof-deck | yoga | seminar room |

1

↗ **Ausstellung**
exhibition

↗ **Aus**
exhibition

0

| ← **Aufzug** | ← **Rezeption** 🛈 | ↑ **Biomarkt** |
| elevator | information | tickets | organic market |

-1

| ↘ **WC** 🚻 | ↘ **Weinkeller** 🍾 | ↘ **Bar** 🍸 |
| toilets | wine bar | bar |

»Eine gesündere und gerechtere Welt war unsere große Vorstellung.«

Rosa Pic Gimmermann und Joseph Wilhelm

»Our overarching idea was to contribute to a healthier and fairer world.«

MIT ALLEN SINNEN

DEN GEIST ÖFFNEN

GENUSS

WISSENSDURST

DEN WEG BEREITEN

SICH EINLASSEN

MIT DEM RICHTIGEN INSTRUMENT KOMPONIERT DER RÖSTMEISTER DIE MELODIE

Schonende Röstung und maximale
Aromaentfaltung in der Kaffeerösterei

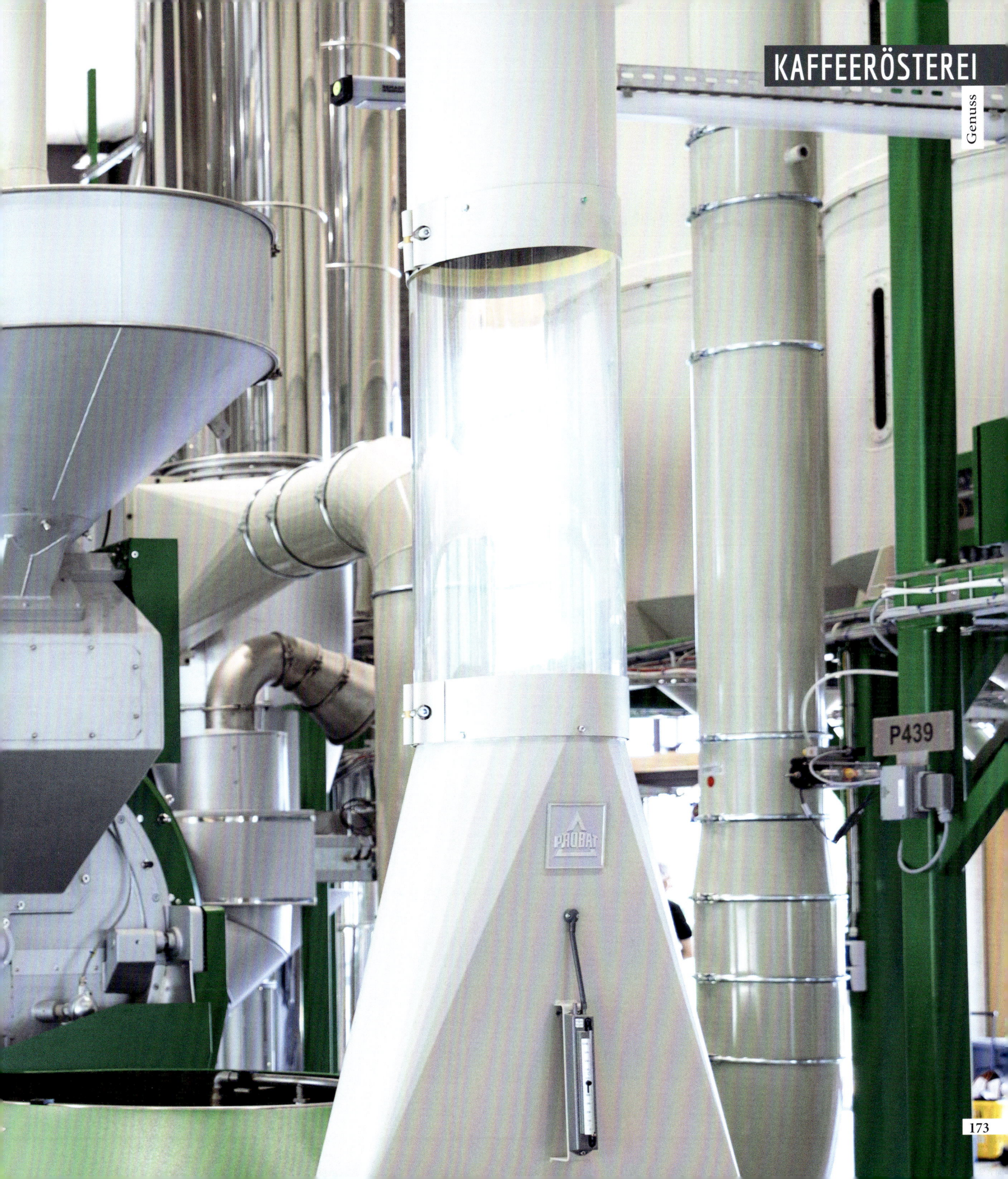

P439

PROBAT

Wussten Sie, dass in einer einzigen Kaffee-bohne etwa 800 Aromen stecken, die erst durch die Röstung aufgeschlossen werden und so den individuellen Charakter des Kaffees prägen? Dafür finden im Fall von Rapunzel die fair angebau-ten Bio-Bohnen ihren Weg ins Allgäu, wo sie in der eigenen Kaffeerösterei schonend geröstet werden.

Dass unsere Röstmeister für Sie besten Kaffee rös-ten, ist auch das Verdienst von PROBAT aus Em-merich am Rhein. Aus ihrem Werk kommt der moderne Trommelröster Px 120. Dank individuel-ler Schulungen wurden die Rapunzel Röstmeister perfekt auf ihren neuen Röster trainiert.

Wir haben bei PROBAT nachgefragt und uns mit der Projektmanagerin Vera Maiß sowie mit Trai-nerin im PROBAT Training Center Ilvana Weiler unterhalten – über den Röster an sich, aber auch über die große Faszination Kaffee.

INTERVIEW MIT
ILVANA WEILER & VERA MAIß
VON PROBAT

Verraten Sie uns doch zum Einstieg zunächst einmal, was Sie an Kaffee so fasziniert!

Ilvana Weiler, Training/R&D-Center: An Kaffee fasziniert mich die vielfältige Geschmackswelt und wie man sie durch das Rösten allein beeinflussen

kann. Und wie er die Menschen weltweit verbindet, durch die Wertschöpfungskette, seinen Einfluss auf den Weltmarkt (als eines der wichtigsten Handelsgü-ter nach Erdöl) und damit seine auch teilweise poli-tische Relevanz. Natürlich auch sein Beitrag zu so-zialer Interaktion mit Freunden und/oder Kollegen.

Und wie kann man die Geschmackswelt durch das Rösten beeinflussen, welche Stellschrauben gibt es an der Maschine?

Ilvana Weiler, Training/R&D-Center: Es gibt sehr viele Stellschrauben dazu an der Maschine. Aber einfach gesprochen ist im Grunde relevant, welchen Rohkaffee verwende ich als Ausgangsware und zu welcher braunen Farbe wird der Kaffee in welcher Zeit geröstet. Alleine diese drei Parameter geben einem unzählige Möglichkeiten, den Geschmack zu verändern. An der Maschine steuere ich die Luft-temperatur und -menge der Röstluft und darüber dann die Röstzeit und Farbe. Je nachdem, für wel-che Zubereitungsart (Filter, Espresso, usw.) man sich entscheidet, wählt man jedoch ebenfalls noch unter-schiedliche Röstparameter. Welches die optimalen Röstparameter für welchen Kaffee sind, wird dann nach Röstversuchen in Verkostungen bestimmt.

Was schmecken Sie als Kaffeeexpertin denn bei so einer Verkostung?

Ilvana Weiler, Training/R&D-Center: Bei einer Verkostung von Kaffee kommt es immer auf die Zielsetzung an. Bei einer reinen Qualitätskontrolle geht es darum, dass das Produkt möglichst einen gleichbleibenden Geschmack hat. Will man die Qualität eines Kaffees ermitteln, z. B. bei der Rohproduktauswahl, achtet man auf alle Aspekte, die mit der Sensorik einhergehen:

Man betrachtet zunächst einmal optisch die Gleichmäßigkeit der Bohnenfarbe des Röstproduktes, dann wird der Kaffee vermahlen und der Geruch des Mahlpulvers bewertet. Auch nach dem Aufgießen mit Wasser wird noch einmal der Geruch geprüft. Die Verkostung selbst wird nach einer standardisierten Prozedur durchgeführt, um eine Vergleichbarkeit zwischen mehreren Mustern zu gewährleisten. Beim Schmecken selbst achtet man dann auf das Mundgefühl (den sogenannten Körper), auf das Zusammenspiel aus Säure, Süße und Bitterkeit. Ähnlich wie beim Wein gibt es auch beim Kaffee unterschiedliche Sorten und Varietäten sowie Einflüsse durch Bodenbeschaffenheit und Klima in den Anbauregionen und die Aufbereitung der Rohkaffeebohnen, wodurch sich eine unglaubliche Vielfalt an Aromen darbieten kann.

Und wenn jetzt die Leser daheim die Qualität Ihres Kaffees prüfen möchten, worauf können Sie achten?

Ilvana Weiler, Training/R&D-Center: Qualitativ guter Kaffee (gut geröstet) zeichnet sich vor allem durch optisch gleichmäßige braune Farbe, einen angenehm aromatischen Geruch und ein harmonisches Geschmacksbild aus. Der perfekte Kaffee sollte immer als Trilogie betrachtet werden aus Rohkaffee, Rösten und Zubereitung. Jeder dieser drei Parameter

ist an der Qualität in der Tasse beteiligt. Erst durch das Rösten werden der gewünschte Geschmack und das Aroma entwickelt. Wenn der Röstmeister die Möglichkeiten seiner Maschine beherrscht, kann er aus der Bohne das Gewünschte herausholen. Dazu sind aber umfassende Kenntnisse über den Prozess des Röstens an sich erforderlich und wie man diesen beeinflussen kann. Gleichbleibende und reproduzierbare Qualität ist eine grundlegende Voraussetzung.

Dann kommen wir doch jetzt zur Rapunzel Kaffeerösterei. Frau Maiß, was ist das Besondere an dem Rapunzel Röster?

Vera Maiß, Projektmanagement: Die Farbe des Rösters ist natürlich besonders. Grüne Röster werden nicht täglich bestellt. Die gesamte Anlage inklusive Röster ist eine maßgeschneiderte Lösung für Rapunzel, die es so kein zweites Mal auf der Welt gibt. Alle Bauteilgrößen sind auf die geplanten Röstmengen abgestimmt.

Die Besucher können zukünftig aufgrund der Aufstellung der Anlage möglichst viel vom Herstellungsprozess durch die Glaswände und über den begehbaren Balkon sehen.

Können Sie uns ein paar Beispiele für energiesparende Lösungen nennen?

Vera Maiß, Projektmanagement: Die Px 120 von Rapunzel röstet mit rezirkulierenden Röstgasen,

somit entstehen 70 Prozent weniger Röstabgase im Vergleich zu einer nicht-rezirkulierenden Maschine. Dadurch wird im Vergleich zu einem Standardröster bis zu 40 Prozent Energie eingespart. Eine hochwertige Isolierung verringert die Wärmeabstrahlung der Oberflächen des Röstsystems. Der Energieverlust wird auf diese Weise um ca. fünf Prozent reduziert. Steuerungstechnische Optionen sowie der vielfache Einsatz von frequenzgeregelten Antrieben optimieren den Elektro-Energiebedarf der Maschine. Darüber hinaus kann meist das komplette Gebäude mit der Abwärme des Rösters geheizt werden.

Welcher Gedanke gefällt Ihnen an einer Kaffeerösterei, wie Rapunzel sie hat?

Vera Maiß, Projektmanagement: Es ist wunderbar, den Kaffeeherstellungsprozess transparent und erlebbar zu machen. Viele wissbegierige Kaffeetrinker und auch alle anderen werden spannende Informationen und Eindrücke in der Schaurösterei sammeln können. Wir merken immer deutlicher: Das Konsumverhalten vieler Menschen ändert sich in den letzten Jahren merklich. Lokale Produkte und Bio-Produkte werden immer beliebter.

Leider erlaubt unsere geographische Lage in Deutschland nicht den Anbau von Kaffee. Trotzdem trinke ich lieber einen fair gehandelten Kaffee in Bio-Qualität als ein Produkt aus dem Discounter. Und die Röstung dann live vor Ort miterleben zu können, ist schon etwas Besonderes.

Frau Weiler, Sie sind ja für das Training verantwortlich. Wie wurden die Rapunzel Mitarbeiter an die neue Maschine herangeführt?

Ilvana Weiler, Training/R&D-Center: Die Mitarbeiter von Rapunzel waren zunächst einmal im Sommer 2020 für eine Woche bei uns in Emmerich zur ersten Schulung und haben alle theoretischen Grundlagen vermittelt bekommen. Dann wurde auf einem kleinen „Shopröster" von fünf Kilogramm Chargengröße geröstet, aber bereits mit den Rapunzel Rohkaffees. Dabei wurden Einflüsse unterschiedlicher Röstfarben, Röstzeiten und Temperaturprofile auf den Geschmack mit den eigenen Kaffees evaluiert und die besten Röstprofile zum jeweiligen Produkt ausgewählt. Im Anschluss wurden diese dann auf unsere Px 120 im PROBAT Technology Center übertragen. Diese dabei ermittelten Röstrezepte konnten dann als Grundlage für die Inbetriebnahme der finalen Rapunzel Px 120 verwendet werden. Bei meinem letzten Besuch wurden die Rösterbediener in die Röstersteuerung der Px 120 eingewiesen und die entsprechenden Röstrezepte für die Rapunzel-Kaffees gemeinsam eingestellt. Die Feinjustierung der Röstrezepte erfolgt immer am „eigenen" Röster, da jeder Röster so etwas wie ein Eigenleben hat.

Noch eine persönlichere Frage: Sie als Kaffeeexpertin – achten Sie darauf, welchen Kaffee Ihr Gegenüber trinkt und schlussfolgern Sie etwas daraus?

Ilvana Weiler, Training/R&D-Center: Ich ertappe mich hin und wieder dabei, aber versuche nicht zu urteilen. Ähnlich wie beim Fußball gibt es auch beim Kaffee ganz viele „Schiedsrichter". Ich bin aber der Meinung, solange einem der Kaffee selbst schmeckt, kann man auch von mir aus ganz nach Oma-Manier seine Prise Salz vor dem Aufbrühen in den Filter geben oder mit einem halben Liter Milch aufgießen. Wer bin ich, darüber zu urteilen? Ich kann ihn ja so trinken, wie er mir schmeckt.

Liebe Frau Weiler, liebe Frau Maiß,
wir bedanken uns für den tollen Röster
und das Gespräch.

Vera Maiß, Projektmanagement: Vielen Dank für die sehr gute Zusammenarbeit mit allen Beteiligten Nachbargewerken des Besucherzentrums und insbesondere dem Team von Rapunzel! Ich freue mich riesig auf einen Besuch mit meiner Familie in der Rapunzel Welt.

Ilvana Weiler, Training/R&D-Center: Ich bedanke mich ebenfalls für die sehr angenehme Zusammenarbeit. Es hat mir sehr viel Spaß gemacht, mit dem Rapunzel Team zu arbeiten. Der Enthusiasmus des Teams war wirklich ansteckend und ich komme gerne jederzeit wieder! Auf die fertige Rapunzel Welt bin ich natürlich auch sehr gespannt und werde es mir nicht entgehen lassen, dann ebenfalls vorbeizuschauen.

DEN BODEN FÜR EINE GANZE LEBENSEINSTELLUNG BEREITEN

Museumskonzeption von Atelier Markgraph

Herzstück der Rapunzel Welt ist ein Museum rund um Bio und das Engagement von Rapunzel für eine gesunde und gerechte Welt. An vielen interaktiven und anschaulichen Stationen gibt's für die Gäste Bio zum Anfassen. Das Ganze entspringt der Feder von Markgraph, ein Atelier für Marken- und Themenerlebnisse aus Frankfurt am Main.

Als stets neugierige Tüftler und Bastler im Herzen beschreiben sich die Experten von Markgraph selbst. Im Interview erfahren wir von der Herstellungsleiterin Uta Brinksmeier, wie sie und ihr Team dem Rapunzel Museum Leben einhauchen.

INTERVIEW MIT UTA BRINKSMEIER VON ATELIER MARKGRAPH

Welche Rolle nimmt das Museum neben den anderen Attraktionen im Besucherzentrum ein?

Uta Brinksmeier: Es ist der Schlüssel, um das Erlebnis Bio ganzheitlich zu erfahren und vielleicht so auch den Blick für das übrige Angebot noch mal neu zu schärfen und wertzuschätzen. Wenn ich beispielsweise etwas über den Agroforstanbau gelernt und einige der Partner im HAND-IN-HAND-Fairhandels-Bereich kennengelernt habe, dann schmecke ich unten in der Cafeteria aus dem Kaffee doch vielleicht gleich ein wenig mehr die Liebe heraus …

Der Markgraph-Claim ist „Step inside the story". Wie finden Sie im ersten Schritt die Story des Kunden und wie gehen Sie im zweiten Schritt in diese Geschichte hinein?

Uta Brinksmeier: Der Erstkontakt mit Rapunzel war ein persönliches Kennenlernen in Legau. Da gab es schnell einen guten Draht zueinander, der wurde dann mit der Zeit weiter verstärkt. Generell unterteilt sich unser Kreativprozess in vier Schritte:

1 Understand: Wir versuchen, den Kunden umfassend kennenzulernen. Website, Social Media, Veröffentlichungen, Befragungen unter KollegInnen, ganz wichtig natürlich persönliches Kennenlernen, Besuche vor Ort, Betriebsführungen und Gespräche mit allen Beteiligten – und nicht zuletzt haben wir uns noch mal unter ganz neuen Gesichtspunkten den Bio-Markt angeschaut, den man von seinen normalen Einkäufen her kennt.

2 Transform: Dann gilt es, die gewonnenen Erkenntnisse und Informationen in ein inhaltlich schlüssiges und atmosphärisches Raumkonzept zu verwandeln. Bei Rapunzel war relativ schnell klar, dass man die verschiedenen Themeneinheiten gut entlang der gesamten Entstehungskette der Produkte erzählen kann.

3 Connect: Im nächsten Schritt geht es dann um das Verknüpfen von Inhalten über Medienkanäle hinweg. So haben uns beispielweise die große Auswahl an Rezepten und die schöne Bildsprache von Rapunzel bei Instagram zu einem interaktiven Rezeptfinder im Museum inspiriert.

Fascinate: Das wichtigste Ziel ist natürlich, dass wir mit unserer Arbeit Momente schaffen, die nachhaltig berühren. Wir wollen Menschen begeistern und Resonanz auslösen. Wissensvermittlung, die Freude macht.

Wie löst man diese Resonanz aus – wie berührt man Menschen?

Uta Brinksmeier: Indem man ihnen etwas erzählt, was sie selbst betrifft – und das ist beim Thema Essen und Ernährung (sowie Einkauf und Anbau) natürlich eine sehr dankbare Aufgabe! Wir versuchen dabei auch immer die verschiedenen Vorkenntnisse und Altersstufen im Blick zu haben, sodass wirklich für alle etwas dabei ist.

Das Museum haben Sie als Quintett konzipiert bzw. als Frauen-Power-Team, wie Sie so schön sagen. Wenn jede eine Idee im Museum nennen darf, die ihr besonders gefällt, welche wäre das?

Uta, Herstellungsleiterin: Als BOKU-Absolventin (Universität für Bodenkultur Wien) schlägt mein Herz für alle Ökolandbau-Themen. Insbesondere das Bodenexponat mit Audioaufnahmen der Bodenlebewesen ist einzigartig. Ohne fruchtbaren Boden – kein Leben!

Christina, Chefredakteurin: Ich finde die Haselnuss-Kugelbahn besonders charmant, weil man so spielerisch eine ganze Abfolge vom Haselnussstrauch bis ins SAMBA-Glas erzählen kann, die Alt und Jung begeistert.

Mareike, Architektin und Kreativdirektion: Mir gefällt besonders der illustrativ-prägende Stil des Museums, welcher sich von großformatigen Raumgrafiken bis hin zu interaktiven Anwendungen zieht. Dies verleiht dem Museum eine ganz besondere Charakteristik mit Wiedererkennungswert. Eine botanische Reise von den Allgäuer Wiesen bis in den Dschungel.

Andrea, Grafikdesignerin und Illustratorin: Bei der Arbeit am Museum habe ich gelernt, dass alles mit allem zusammenhängt. Die Museumsgestaltung greift dieses Prinzip auf. Viele liebevoll gestaltete Details fügen sich zu einer großen, bunten und vielfältigen Welt zusammen.

Sandra, Innenarchitektin: Vom Teller bis zurück aufs Feld – das Museum gibt den BesucherInnen die Möglichkeit, ganz in die Welt von Rapunzel einzutauchen und alle Stationen, die die Produkte bei der Erzeugung durchlaufen, kennenzulernen. Jede Station stellt dabei eine eigene räumliche Inszenierung dar, in der die BesucherInnen zusammenkommen und sich austauschen können, beispielsweise an der langen Tafel. Alle Inhalte sind atmosphärisch und interaktiv erlebbar.

Was macht euch an der Zusammenarbeit mit Rapunzel Freude?

Uta Brinksmeier: Dass ihr alle im positiven Sinne genauso verrückt seid wie wir! Spaß beiseite: Die Ernsthaftigkeit und das Expertenwissen, mit der jede und jeder Einzelne bei euch im jeweiligen Fachgebiet sich einbringt, uns bei Fragen zur Verfügung steht,

Ideen einspeist und uns ab und an in die richtige Richtung stupst – diese Zusammenarbeit ist sehr angenehm. Unser Ziel war von Beginn an auch die Einbindung der Partner und des ganzen Netzwerks im Museum. Und dieser Input, der dann zum Beispiel in Form von liebevoll gepackten, selbst geschnitzten Kisten aus der ganzen Welt kam, ist natürlich toll!

Ist der Job ein Teil von Ihnen oder legen Sie ihn morgens an und abends ab?

Uta Brinksmeier: Das Tolle ist, dass man mit jedem Projekt auch selbst wieder neue Dinge lernt und sich neue Verbindungen auftun. Und die kommen einem, wenn man sich drauf einlässt, überall, also auch im Alltag, entgegen.

Wie kann man Erlebniswelten wie das Rapunzel Museum mit Blick auf das Thema Nachhaltigkeit gestalten?

Uta Brinksmeier: Zu Nachhaltigkeit gehört im Kontext des Museums sicherlich zum einen die Wissensvermittlung. In Abstimmung mit Rapunzel war es immer auch ein Anliegen, über den Tellerrand hinaus zu informieren und auch ganz praktische Tipps zu geben, etwa zum Thema Lagerung und Haltbarmachung von Lebensmitteln, um der Lebensmittelverschwendung entgegenzuwirken.

Außerdem achten wir bei der Materialauswahl auf eine ökologische und auch strapazierfähige und damit dauerhafte Nutzung. Besonders hervorzuheben ist hier die Zusammenarbeit mit lokalen und regionalen Handwerkern vor Ort, die heimische Hölzer zum Einsatz bringen.

Das heißt, so ein Projekt lässt das Team nach der Fertigstellung nie ganz los?

Uta Brinksmeier: Nein, warum auch? Wir werden wohl keine Feigen oder kein Haselnussmus mehr essen können, ohne an Zahnstocher und Schwarzlicht zu denken und ohne das Scheppern einer rollenden Kugel im Ohr zu haben. Aber das sind ja nicht die schlechtesten Nebenwirkungen!

Was sollen die Besucher am Ende des Museums mitgenommen haben?

Uta Brinksmeier: Am besten sagen sie: „Da geh' ich noch mal hin!" Man soll Spaß gehabt, aber auch etwas gelernt haben – das gilt für jedes Alter und für jede (Wissens-)voraussetzung.

… und dass Rapunzels Leitsatz, „Wir machen Bio aus Liebe" in jedem Schritt der Entstehungskette eines Produktes tatsächlich gelebt wird. Und dass wir alle, also jede und jeder Einzelne von uns, tatsächlich einen Unterschied machen kann: kaufen wir fair und bio oder nicht. Denn das ist ja am Ende nicht nur eine Frage des Geschmacks, sondern bereitet im wahrsten Sinne den Boden für eine ganze Lebenseinstellung.

Frau Brinksmeier, wir bedanken uns für das Gespräch.

WENN SINNE
SICH EINER BLÜTE
GLEICH ÖFFNEN

Naturfilmer Jan Haft und Produzent
Dominik Eulberg stimmen die Gäste
auf das Museum ein

INTERVIEW MIT
JAN HAFT &
DOMINIK EULBERG

Wenn die BesucherInnen ihr Ticket für das Museum in der Rapunzel Welt in den Händen halten, sind sie sicher gespannt darauf, was sie gleich alles über Bio, fairen Handel und Nachhaltigkeit erfahren werden. Doch bevor sie

die eigentliche Ausstellung betreten, nehmen Naturfilmer Jan Haft und DJ und Produzent Dominik Eulberg die Gäste filmisch, musikalisch und emotional mit in die Welt der Natur. In diesem ersten und für sich stehenden Raum der Ausstellung sehen die Gäste beeindruckende Makroaufnahmen im Zeitraffer – Aufnahmen vom Mikrokosmos Wiese, in dem es allerlei Wunder zu entdecken gibt, wie z. B. aufgehende Blüten. Im Interview erzählen die Künstler, wie sie den Raum konzipiert haben.

Wie sind Sie an das Projekt herangegangen, und wie kam es zu der Idee mit dem Zeitraffer?

Jan Haft: Wir haben nach emotionalen Bildern gesucht, die das Auge erfreuen, staunen lassen, in der Zeitraffung und -dehnung Vorgänge sichtbar machen, die uns normalerweise verborgen bleiben. Immer im Hinterkopf, dass Dominik dazu seine besondere und wundervolle Musik komponieren wird.

Dominik Eulberg: Ich habe Jans großartige Bilder bekommen und mir dann erst mal ein musikalisches Narrativ überlegt, eine Reise der Stimmungen. Dann habe ich Soundeffekte auf verschiedene Sync-Points komponiert, etwa aufblühende Glockensounds zu den Bildern von sich öffnenden Blüten. Ich habe auch viele Sounds zu den Bildern mit Mikrofonen aufgenommen. So simuliert etwa ein zusammengeschlagenes Handtuch den Flügelschlag von Schmetterlingen.

Warum bereichert es das Erlebnis der Gäste, wenn sie das Museum nicht direkt betreten, sondern vorher durch diese Art Intro-Schleuse gehen?

Jan Haft: Die Besucher werden hier eingestimmt, abgeholt, wenn sie wollen, an die Hand genommen. Sie öffnen ihre Sinne für das Thema und nehmen anschließend die Botschaften des Museums mit geschärfter Wahrnehmung auf.

Dominik Eulberg: In dem Raum reaktivieren wir das kindliche Staunen über das Wunder des Lebens!

Wir machen dabei bewusst, woher unsere fertigen Lebensmittel kommen und wie kostbar und zugleich fragil dieses Netzwerk der Biosphäre ist.

Den Auftakt für das Museum zu gestalten, was bedeutet das für Sie?

Jan Haft: Es macht große Freude, mich außerhalb des üblichen Filmgeschäfts besonderen Themen zu widmen, wie hier dem Berührungspunkt zwischen Natur und Kultur, zwischen Biodiversität und Lebensmittel. Hochwertige, biologisch erzeugte Lebensmittel sind auch für uns zu Hause ein wichtiges Thema. Sich damit filmisch auseinanderzusetzen, ist schön. Letztlich gefällt mir einfach alles, was Mitmenschen zu einem bewussteren, rücksichtsvolleren und besseren Leben animiert.

Dominik Eulberg: Das ist für mich eine große Freude und ein Geschenk, unsere Mitmenschen emotional für wichtige Botschaften sensibilisieren zu dürfen. Ihnen auf lustvolle Weise zu zeigen, wie Mutter Erde uns nährt und wie eine Kulturlandschaft ein Eldorado der Biodiversität sein kann, wenn man sie denn nachhaltig und ökologisch verträglich bewirtschaftet. Und wenn uns schon das Vokabular fehlt, um den Ökozid zu begreifen, dann sind empathische Emotionen und Staunen immerhin super Werkzeuge, um eine Verbundenheit aufzubauen. Denn wir schützen nur, was wir auch schätzen.

Herr Haft, Herr Eulberg, wir bedanken uns für das Gespräch.

VERWEILEN

RUHE FINDEN

WANDEL

LEBENDIG

VERWOBEN

ZUSAMMEN WACHSEN

AUSSENANLAGE, DIE MIT DEM LEBEN MITWÄCHST

Landschaftsarchitekturbüro webt einen märchenhaften Garten um das Gebäude

Ein herzliches Willkommen – das möchte Rapunzel nicht nur mit dem Gebäude aussprechen, sondern auch mit den großzügig angelegten Außenanlagen. Gleich einem weit offenstehenden Gartentor. Erdacht haben dieses Gartentor – im übertragenen Sinne – die Landschaftsarchitekten Berthold Flieger und Hendrik Porst von Ramboll Studio Dreiseitl. „Wenn sich der Garten selbst vorstellen könnte, er würde sagen: ‚Kommt rein, seid willkommen – so wie ihr seid – und findet den richtigen Platz für euch und eure Bedürfnisse'", erklärt Berthold Flieger.

Diese einladende Geste zieht sich durch alle gestalterischen Überlegungen für den Garten. Hier ist Platz für den Alltag wie für Feste. Vieles ist noch nicht final in der Nutzung festgelegt, aber mit ganz viel Spielraum gedacht. Wo es drinnen im Museum viel um den pädagogischen Aspekt geht, soll das Außen mehr als sinnlicher Kraft- und Rückzugsort dienen. Jahreszeiten, Gartenkultur und Rapunzel – einfach alles will hier erlebt und entdeckt werden.

Die Außenanlagen lehnen sich aber auch an die umgebende Gegend selbst an, das Allgäu. Da sind sanfte Hügel mit steileren Partien, sich weit erstreckenden Wiesen mit Gehölzrändern, tieferen und damit kühleren Partien sowie typischen Elementen der bäuerlich-dörflichen Kultur in Form des Holzstapels oder des Bauerngartens. Materialien und Vegetation suchen den Bezug zur Umgebung und zeugen entsprechend den Ansprüchen von Rapunzel von Verantwortungsbewusstsein für Lieferwege und Wertigkeit. Regional ist erste Wahl und einfach ist manchmal besser.

TRETEN SIE EIN IN RAPUNZELS MÄRCHENHAFTEN GARTEN

Auf ihrem Weg zum Gebäude gehen die Gäste zunächst an einem Gehölzsaum aus bestehenden Bäumen entlang, bevor sie den sogenannten Marktplatz erreichen. Hier stellen die Besucher ihre Fahrräder ab und rasten auf einer langgezogenen Bank. Ein plätschernder Brunnen lädt dazu ein, sich mit dem kühlen Nass über Gesicht und Hände zu fahren. Von oben betrachtet formt sich der Platz zwischen Gehölzsaum und dem Gebäude wie zu zwei freundlich behütenden Händen.

Diesen ersten Kontakt der Gäste mit dem Gebäude gestalten die Allgäuer Garten- und Landschaftsbauer der Helmut Haas GmbH. Sie haben auch der Fläche um den Bio-Markt Leben eingehaucht und behutsam um den alten Baumbestand herum einen Parkplatz und Wege angelegt.

Um in den eigentlichen Garten zu gelangen, gehen die BesucherInnen durch das Gebäude hindurch und treten hinaus auf die großzügige Terrasse. Ab hier haucht die Firma Bischoff Garten- und Landschaftsbau GmbH dem Garten Leben ein.

Lassen die Gäste von dieser Stelle ihren Blick über die Szenerie schweifen, sehen sie zentral gelegen die „Genießerwiese", gleichsam das Herz des Gartens. An sie schließen alle Bereiche an. Sie wird gesäumt von Felsenbirne und Zierpflaume samt Sitzmöglichkeiten zum Picknicken. Linker Hand erhebt sich ein mit Alpenblumen bedeckter Hügel, über den die Besucher vom Dachgarten aus in den Garten hinabsteigen

können. Gehauene und geschnittene Nagelfluh-blöcke, zwischen denen Moos und Thymian sprießen, umrahmen ihn und dienen als sonnige Sitzgelegenheiten.

Im Anschluss an die Terrasse liegt gebäudenah der Bauerngarten, der ganz klassisch robuste und ästhetische Kultursorten beheimatet, die im Besucherzentrum genutzt werden können. Zaun an Zaun mit ihm befindet sich der Gemüsespielplatz der Firma Hochkant, mit Kürbisspielhaus, Karottenbank und anderem „Spielgemüse", das thematisch mit dem Bauerngarten verwoben ist.

Entlang dem Bauerngarten und dem blühenden Hain gelangen die Besucher zu einem weiteren, sehr sinnlichen Bereich: einem langen Hohlweg zwischen zwei hohen Rundholzstapeln. Hier werden ihre Sinne mit einem für das Allgäu typischen Element angeregt: dem Duft geschnittenen Holzes. Die Stirnseiten der unterschiedlichen Holzarten, der grobe Boden, das Immer-tiefer-Hineingehen, die Ruhe, der Schatten, das Abgeschiedensein vom Trubel und am Ende des Weges das plötzliche Heraustreten in einen schattigen Haselnusshain – das wird für die Besucher sicher etwas ganz Besonderes sein.

Einer der Holzstapel ist gleichzeitig Rückseite und Bühne für den Haselnuss-Spielplatz. Eine Benjeshecke fasst den Garten ein, aus der ein schattenspendender, berankter Laubengang erwächst. Weiter geht's zum Tropenhaus, das den Garten unübersehbar prägt und eines der zentralen Themen im Besucherzentrum – Kaffee – erlebbar macht: Denn hier wachsen echte Kaffeepflanzen!

Und wer ist am Ende verantwortlich für die Außenanlagen? Der Weg von der Idee zur gebauten Anlage ist natürlich ein Zusammenspiel von Rapunzel als Bauherr, den Architekten, den Landschaftsarchitekten sowie den Garten- und Spielplatzspezialisten. Damit für die Gäste Außenanlagen entstehen, die sie verzaubern, in die sie abtauchen und aus denen sie gestärkt und inspiriert heimkehren.

VOM KOHLRABI-WÄLDCHEN IN DIE LIEBESLAUBE

Ein Garten für alle, ein Garten für Mensch und Natur

Picknick auf der Genießerwiese, ein neu geschaffener Hohlweg aus Allgäuer Rundhölzern und eine verwunschene Liebeslaube. Das Gespräch mit Jörg Bischoff, Geschäftsführer und Inhaber in dritter Generation von der Firma Bischoff Garten- und Landschaftsbau GmbH, nimmt uns mit in die Welt des Gartens. Und das, obwohl zum Zeitpunkt unseres Treffens – mitten in der Planungs- und Bauphase – noch die Farbe Braun den Bereich der künftigen Gartenanlagen dominiert.

„Wie der Gärtner, so der Garten." Diesem Sprichwort stimmt Jörg Bischoff sofort zu und zeigt uns anhand der Pläne fürs Besucherzentrum, dass das auch für den Auftraggeber Rapunzel gilt. Wunsch ist, mit dem Garten rund um das Gebäude einen Ort zu erschaffen, an dem die unterschiedlichsten Menschen zusammenkommen und die Natur in all ihrer Schönheit und durchaus auch überraschender Vielfalt genießen. Um es mit Jörg Bi-

schoffs Worten zu sagen: „Ein außergewöhnlicher Garten, der für alle Besucher ein Erlebnis ist, das man gesehen haben muss. Der in seiner einzigartigen Bauweise, Größe, Natürlichkeit und mit den vielen verschiedenen Pflanzen einfach wahnsinnig schön ist."

DER NATUR RAUM GEBEN

Einen Garten natürlich anlegen – ist das nicht ein Widerspruch in sich? Jein. Natürlich liegt dem Ganzen ein Plan zugrunde. Und schon immer hat der Mensch seinen Lebensraum gestaltet. Die Frage ist nur „Wie". So entsorgen die Gärtner Gehölzschnitt nicht einfach, sondern stapeln z. B. Äste zu einer sogenannten Benjes-Hecke, auch Totholzhecke genannt. Die bietet einerseits Sichtschutz. Andererseits nutzen Vögel, Insekten und auch Igel sie gern als Unterschlupf.

Weitere Maßnahme im Zeichen der Natürlichkeit: Damit Regenwasser von der Erde aufgenommen werden kann, bleiben die meisten Flächen unversiegelt. Stattdessen bilden Hackschnitzel oder Kies eine sogenannte wassergebende Decke. Das bedeutet mehr Pflege durch das Bischoff-Team, das den Garten auch nach Fertigstellung betreut. Ist es Rapunzel aber wert!

Den letzten Schliff gibt die Optik: Geschwungene Wege, sanfte Hügel und runde Rasenflächen erinnern an die Formen der Natur.

Bei der Wahl der Materialien sind Natürlichkeit und Regionalität entscheidende Kriterien – z. B. in Form von heimischem Nagelfluh oder Granit aus dem Bayerischen Wald. Der Kies, der beim Aushub des Bodens für das Besucherzentrum anfiel, wird übrigens im Garten weiterverwendet. Eine riesige CO_2-Einsparung, weil die Anlieferung via Lkw entfällt.

RAPUNZEL BIO-LEBENSMITTEL IM GARTEN ERLEBEN

Was wäre ein Garten für Rapunzel ohne allerlei Essbares? Deshalb ist der Rapunzel Garten ein Füllhorn an Kräutern, Obstbäumen und im Bauerngarten z. B. Kürbissen – je nach Saison. Ob da wohl auch Feldsalat – im Süddeutschen Rapunzel genannt – wächst? Auch im namensgebenden Märchen geht es ja anfangs um einen Garten, in dem die begehrte Pflanze mit ihren vielen Nährstoffen wächst.

Eine weitere Besonderheit des Rapunzel Gartens und des Besucherzentrums:

Rapunzel Bio-Lebensmittel werden erlebbar. Müsli kann von den Besuchern nämlich nicht nur im Museum selbst gemischt werden. Kaffee wird nicht nur in der Kaffeerösterei frisch geröstet und im Bistro verkostet. Im Garten sehen die Gäste dem Getreide fürs Müsli praktisch live beim Wachsen zu – auf einem eigens angelegten Müslifeld mit 100 m². Und Kaffeepflanzen, die gedeihen in einem 150 m² großen Tropenhaus neben Bananen und Mangos. So rückt der globale Süden auf einmal ganz nah.

Wein wachsen lässt. Highlight für alle: der Dachgarten und der freie Blick bis zur Alpenkette im Süden.

EIN GARTEN, ZWEI GARTENBAUUNTERNEHMEN – REGIONALITÄT VOR GRÖSSE

Das Bischoff Team ist nicht alleine für diesen tollen Garten verantwortlich. Den Bereich rund um den Eingangsbereich und die Kaffeerösterei betreut nämlich das Gartenbauunternehmen Haas. „Das liegt daran, dass der Garten sehr aufwendig ist, das würde als Ganzes nur ein Großunternehmen schaffen. Rapunzel war es aber wichtig, Betriebe aus der Region zu nehmen und so teilen wir uns einfach den Auftrag", erklärt Jörg Bischoff. „Es freut uns sehr, dass wir auch mit unseren 15 Mitarbeitenden Teil des Projekts sein dürfen."

AUFTANKEN UND ZUSAMMENKOMMEN IM GARTEN FÜR ALLE

„Heute wird alles schneller und wir haben keine Zeit mehr. In einem Garten aber wird alles langsamer, wir kommen zur Ruhe, atmen durch, vergessen die Zeit", beschreibt Jörg Bischoff die Faszination Garten.

Wir könnten dem Gärtnermeister noch ewig zuhören, wie er von seiner Liebe zum Garten und seiner Leidenschaft für den Beruf erzählt und wie er von den eindrucksvollen Bauweisen schwärmt. Jetzt geht es aber erst einmal ans Tun. Nicht mehr lange und auf dem jetzt noch braunen Boden ist ein Garten zum Erleben entstanden. Ein Garten für alle.

Genuss ist immer auch subjektiv. Der Rapunzel Garten schenkt hoffentlich allen Freude. Die Kleinen erkunden auf einem Spielplatz das Innere einer riesigen Haselnuss. Und die Kleinsten entdecken mit Karotten-Wackler, Pilz-Karussell, Kohlrabi-Wäldchen, Rosenkohl-Hüpfer und Balancier-Lauch spielerisch das Gärtnern.

Die Genießerwiese lädt zum Picknicken ein, die große Terrasse in der Nachbarschaft zu einer Pizza aus dem Ofen. Kulturell Interessierte besuchen Theaterstücke und andere Veranstaltungen auf der Theaterwiese, Verliebte verweilen in der Liebeslaube und Pilger rasten in der Pilgerherberge, vor der Bischoff Efeu und

GRUNDSTÜCK UNTER GUTEM OMEN

Das Besucherzentrum aus Sicht eines Geomanten

Das Konzept der Geomantie – oder Erdheilungsarbeit – dürfte nicht allzu bekannt sein. Dabei ist es so alt wie die Menschheit selbst. Rituelle Stätten etwa finden sich stets an bewusst ausgewählten Orten, die eine ganz besondere Energie ausstrahlen. Und auch heute streben die Menschen danach, gute Energie an einen Ort oder in einen Raum zu bringen, wie das Beispiel der chinesischen Harmonielehre Feng Shui zeigt.

Ein Geomant erfasst einen Ort und bringt ihn in Einklang mit den Menschen. Mit diesem Ziel vor Augen besuchte der Geomant Marko Pogačnik für Rapunzel 2020 das Grundstück, auf dem die Rapunzel Welt entsteht. Ihm zufolge können wir mit dem Bewusstseinsfeld, das die Erde umgibt, kommunizieren. Dafür brauche es eine Sprache, die über den Rahmen der rationalen Logik hinausgeht. Diese Sprache sei eine universelle, und zwar eine Mischung aus symbolischen Bildern, Klängen, Bewegungen usw. .

Versuchen wir einmal, diese Sprache zu verstehen, und tauchen in einen Auszug des Erkundungsberichts des Geomanten vor Bauanfang ein:

„Auf dem Gelände des zukünftigen Besucherzentrums kommt mir eine Schlange entgegen, die ich als Hüterin des Ortes verstehe. Ich spreche mit ihr und bitte sie, sich zurückzuziehen und dem Plan des Besucherzentrums Raum zu geben. (…) Ich arbeite daran, die Elementarwesen der gefällten Bäume in die Hecke am Rand des Geländes Richtung Rapunzel Gelände überzusiedeln.(…)

Der Ort von Rapunzel steht in Beziehung zu zwei bedeutsamen Wallfahrtskirchen in der Nähe. Die drei

Einrichtungen bilden ein energetisches Dreieck mit dem Potenzial, das neue Besucherzentrum und Rapunzel zu unterstützen (…).“

Geomantie lässt sich nicht direkt greifen. Uns bleiben nur unsere eigenen Erfahrungen. Rapunzel Geschäftsführer Joseph Wilhelm beschreibt seine Begegnung mit der Geomantie im Anfang 2020 so: „Nachdem Marko auf unserem Gelände war, ging plötzlich alles ganz leicht. Und just in dieser Zeit erhielten wir dann auch die Teilbaugenehmigung.“

DREI JAHRE UND DREI KOSMOGRAMME SPÄTER

Seit Marko Pogačniks erstem Besuch in Legau sind fast drei Jahre ins Land gezogen. In der Zwischenzeit haben er und seine Frau Marika drei Zeichnungen angefertigt, die sie als sogenannte Kosmogramme in einen 250 cm hohen Muschelkalkblock aus dem Bayerischen Jura meißeln. Er soll der Schlange, der Beschützerin des Ortes, geschenkt und an ihren Rückzugsort gesetzt werden. Drei Tage lang arbeiten die beiden auf der Baustelle an dem Stein. Die beiden Slowenen verstehen sich blind – ganze 56 Jahre arbeitet das Paar schon zusammen.

Die Kosmogramme verstehen sich als eigene Sprache, über die der Ort mit seiner Umgebung samt ihren Wesenheiten kommunizieren und in Verbindung gesetzt werden kann. Neben den für Rapunzel entworfenen Kosmogrammen ist auch die Platzierung des Steins entscheidend: In der Nähe des Rückzugsorts der Schlange, in Beziehung zum Gebäude – vor dem Haupteingang – sowie in Richtung Sonne. So fangen die Formen das Sonnenlicht und damit Leben auf – zu jeder Tageszeit werden sich so andere Muster ergeben.

„Unsere Arbeit ist natürlich nur ein Aspekt", fasst der Geomant zusammen, „um das Besucherzentrum in Harmonie zu bringen. Auch die natürlichen Formen des Gebäudes und die ganze Philosophie von Rapunzel tun ihren Teil dazu. Hier merkt man einfach, dass Natur und Mensch wertgeschätzt werden."

Für uns war es auf jeden Fall etwas ganz Besonderes, die beiden Geomanten zu treffen und die Welt mit ein wenig anderen, mit ihren Augen, zu be-

trachten. Und dabei einmal mehr zu erkennen, dass wir für das perfekte Gleichgewicht nicht die Überwindung der Natur, sondern den Einklang mit ihr suchen dürfen.

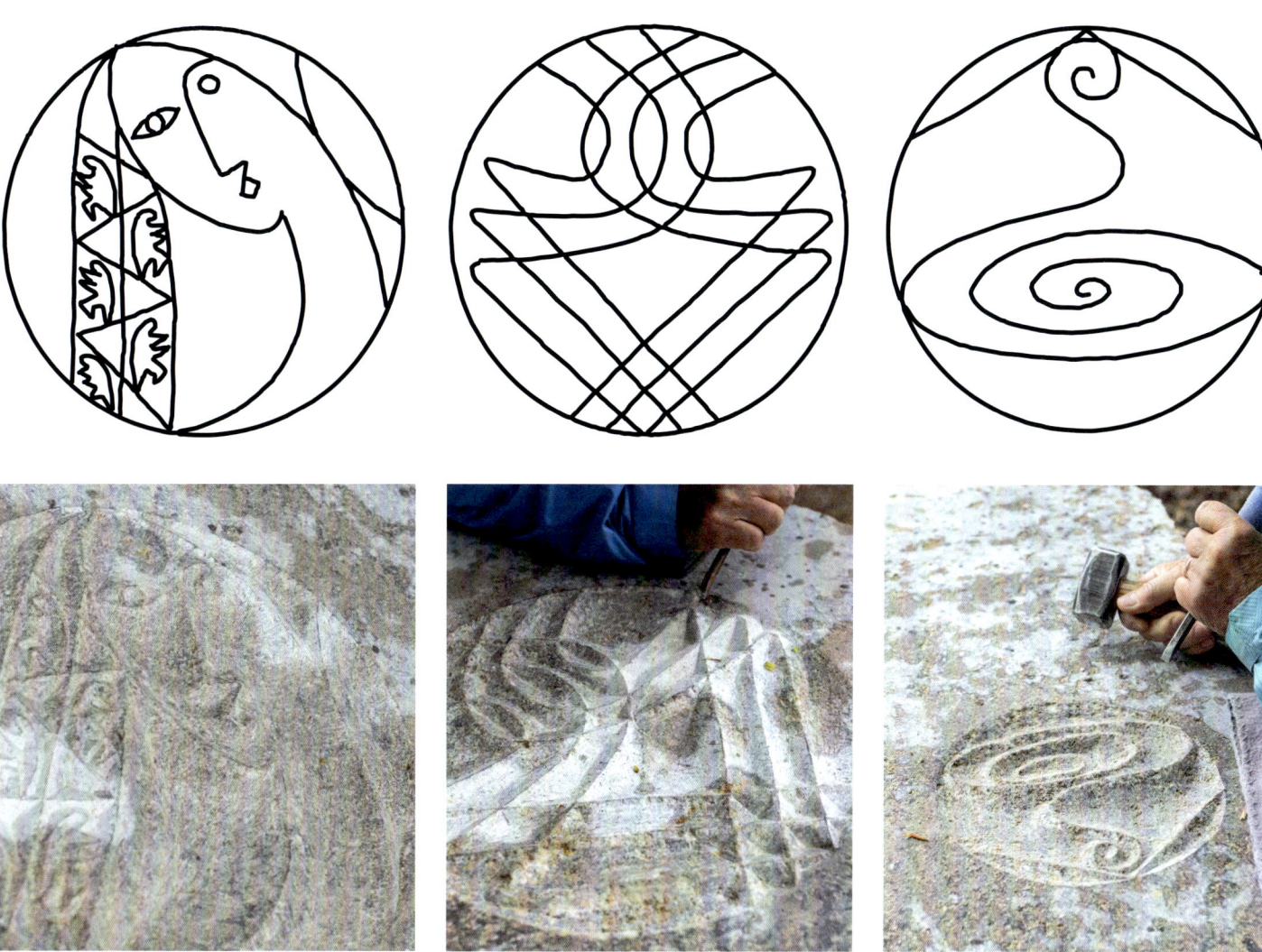

Das erste Kosmogramm zeigt die Erschöpferin Gaia als Rapunzel und steht für die Rettung der Elementarwesen, die an ihrem Zopf heraufklettern. „Viel zu oft unterdrücken wir die Erde und vertreiben die Naturwesen, anstatt sie zu achten und in Harmonie mit ihnen zu leben", bedauert Marko Pogačnik.

Das zweite Kosmogramm soll die Rapunzel Welt in die Landschaft einbetten und in Beziehung zu den zwei Wallfahrtskirchen in der Umgebung setzen. Das Besucherzentrum befindet sich damit in einem energetischen Dreiklang, den die Geomanten mit drei ineinandergreifende Dreiecken darstellen.

Die im Kosmogramm zusammengerollte Schlange steht für die Seele des Ortes und soll ihr neues Heim unter dem Dach der Rapunzel Welt finden – im Kosmogramm symbolisiert durch ein Dreieck.

KOMM MIT MIR INS
ABENTEUERLAND

hochkant baut den Spielplatz für die Rapunzel Welt

„Von Beruf bin ich Spielplatzbauer" – klingt das nicht wahnsinnig toll? Absolut, findet auch Werner Wechsel von hochkant: „Das ist mein Traumjob, wir verdienen unseren Lebensunterhalt damit, verrückt zu sein und wie Kinder zu denken. Das macht tierisch Spaß!"

Genaugenommen ist Werner Wechsel gelernter Möbelschreiner mit Holzbetriebswirtschaft-Technikum. In zweiter Generation leitet er das Westallgäuer Familien- Holzbauunternehmen hochkant, das sich auf Erlebnisse und Outdoor-Anlagen spezialisiert hat: von Seilgärten über Baumhäuser, Abenteuerspielplätze, Naturerlebnis- bis zu Baumwipfelpfaden. „Offiziell ist unsere Arbeit aber gar kein Handwerk, sondern gehört zur Holzindustrie", merkt der Geschäftsführer von hochkant an, „dabei könnte ich mir wenig vorstellen, was handwerklicher wäre. Vom Entwurf und der Planung bis zur Herstellung und Montage liegt der gesamte Prozess in unserer Hand."

Für den Spielplatz setzt hochkant FSC-zertifiziertes Holz ein, das aus Vorarlberg sowie aus dem Fränkischen und Oberschwäbischen stammt. Weil der Spielplatz Wind und Wetter ausgesetzt ist, sind für Rapunzel Lärche und Douglasie das Holz der Wahl.

ZWEI SPIELPLÄTZE LASSEN DIE HERZEN DER KINDER HÖHER SCHLAGEN

Der neue Spielplatz im Garten der Rapunzel Welt bietet sowohl für die Kleinsten als auch für die größeren Kinder ganz viel Abenteuer und Freude. Während sich in dem Bereich, der das Unternehmen Rapunzel erlebbar macht, eher größere Kinder austoben, haben in dem zweiten Areal Kleinkinder ihre Freude – dieser Spielplatz nimmt die Kinder mit in die Welt der Unternehmenstochter Zwergenwiese.

Das Motto beider Bereiche: den Kindern das Thema Lebensmittel näherbringen. Wo lernen sie schon sonst, wie eine Kakaobohne aussieht? „Man mag sich fragen, wie hoch der pädagogische Wert ist, durch eine Haselnuss zu rutschen oder auf einer Wackel-Karotte zu sitzen", erklärt Werner Wechsel. „Aber wenn die Kinder dann daheim in der Küche sind, erkennen sie das Obst, die Nüsse und das Gemüse vom Spielplatz wieder und haben einen ganz anderen Bezug dazu."

Herzstück des Spielplatzareals ist eine über sechs Meter hohe hölzerne Haselnuss, deren Inneres von den größeren Kindern erklettert wird, bevor sie wieder hinabrutschen. So viel sei verraten: An der höchsten Stelle eröffnet sich ein fantastischer Blick über den Garten – u. a. auf einen angrenzenden Haselnusshain. Wen wundert's da, dass die Haselnuss Werner Wechsels liebstes Teil im Spielplatz-Ensemble ist?

Nette Anekdote: Weil der Garten Rapunzel wiederspiegeln soll, durfte das Klettergerüst nicht einfach die heimische Haselnuss abbilden, sondern explizit die türkische. Denn Rapunzel bezieht seit den 1970ern neben Trockenfrüchten auch Haselnüsse aus dem eigenen Anbauprojekt in der Türkei. Was der Unterschied zwischen den beiden Nüssen ist? Die türkische ist schmaler und spitzer, hat oben einen breiten Kranz und eine charakteristische Grau-Braun-Färbung, die ihr einen Längsstreifen-Look gibt. hochkant bildet diesen mittels Holzlatten nach, die vertikal entlang der Nuss gebogen werden.

Direkt an die Haselnuss schließt ein Seilgarten an. Hier klettern und balancieren die Kinder über große Kakaobohnen und Trockenfrüchte. Die Bohnen erinnern daran, dass Rapunzel die erste Bio-Schokolade weltweit auf den Markt gebracht hat.

Die Trockenfrüchte sind wieder Referenz auf das Türkei-Anbauprojekt, aber auch auf das firmeneigene Fairhandels-Programm HAND IN HAND, über das Rapunzel getrocknete Früchte aus der ganzen Welt erhält.

Die kleineren Kinder – sozusagen die Zwerge – erfreuen sich am Zwergenwiese Bereich. Hier buddeln und schaufeln sie im Sand, spielen in einem Kürbis-Häuschen und haben ihren Spaß mit Drehkarotten, Wackellauch und einem Erdbeerstand. Kürbis, Karotte und Erdbeere sind Anlehnungen an das Zwergenwiese Sortiment mit seinen Saucen und Aufstrichen. Einen Rahmen um den Spielplatz schafft

ein Lattenzaun – einige der Latten tragen lustige rote Zwergenmützen. Nett für alle Eltern: Auch attraktive Orte für Fotos mit den Kindern haben sich die Spielplatzbauer einfallen lassen – wie z. B. das hölzerne Kürbisspielhaus.

Das wichtigste Feedback kommt aber natürlich von den Kindern selbst, das weiß auch Werner Wechsel: „Das Schönste ist, wenn die Kinder abends sagen: ‚Da will ich morgen wieder hin!'"

DANKE, DANKE, DANKE!

VON JOSEPH WILHELM, GESCHÄFTSFÜHRER UND RAPUNZEL GRÜNDER IM SEPTEMBER 2022

Zum guten Gelingen eines Bauprojektes in der Größenordnung der Rapunzel Welt braucht es nicht nur den notwendigen Sachverstand aller beteiligten Fachplaner, Baufirmen und Handwerksbetriebe. Ganz entscheidend ist die gute Zusammenarbeit aller Bautätigen auf der Baustelle selbst und viel persönlicher Einsatz über das normale, gewohnte Maß hinaus.

Besonders bedanken möchte ich mich bei Herrn Sinan Tiryaki, leitender Architekt seitens HCZ, den Bauleitern der Firma Filgis, Herrn Alexander Salb und Marco Klein, unserem firmenseitigen technischen Projektleiter Edmund Haug von BAU.PLAN21 und unserer Projektleiterin Seraphine Wilhelm.

Die Herausforderungen in den letzten drei speziellen Jahren waren gigantisch. Umso größer meine Anerkennung und mein Dank an alle Beteiligten für den vorbildlichen und menschlichen Umgang miteinander, der gute „Spirit" war auf der Baustelle stets spürbar. Ich bedanke mich auch bei allen Rapunzel Mitarbeitenden, die uns den Rücken für das Projekt freigehalten und uns motiviert haben. Ebenso bei unseren Kundinnen und Kunden, die mit ihrer Arbeit die Finanzierung und damit – so hoffe ich – ein Leuchtturmprojekt für die gesamte Bio-Branche ermöglicht haben.

Nicht zuletzt gilt mein Dank den Kräften und Mächten des Himmels, die stets ihre schützenden Hände über uns gehalten haben, damit wir dieses Projekt zum künftigen Wohle und Nutzen aller so umsetzen durften, wie es sich nun entfaltet.

DIE AM BAU BETEILIGTEN

A **Allgäu Gast GmbH** – Gastroausstattung
Andreas Köhler GbR – Dämmarbeiten
Atelier Markgraph GmbH – Ausstellungsplanung

B **BauGrund Süd** – Brunnenbohrung
BAU.PLAN21 – Planungsbüro Projektleitung
Belzner Holmes und Partner – Planungsbüro Licht
b&b Parkett und Fußbodentechnik – Parkettlegearbeiten

D **Das Schauwerk GmbH** – Ausstellungsbau
dennree GmbH – Ladenplanung
designgruppe koop – Grafik/Design
Dominik Eulberg – Naturfilm

E **ecoplan Ingenieure GmbH** – Ingenieurbüro
Eicher Werkstätten GmbH & Co.KG – Ausstellungsbau
Elektro Welsing – Elektrotechnik
Engelmayer Landtechnik GmbH – Schlosserei

F Fa. Staehlin GmbH – Planungsbüro Club/Weinkeller

g+h Projektplan GmbH & Co. KG – Elektroplanung

TRANSPLAN Technik-Bauplanung GmbH – Planungsbüro TGA

Fischer Maschinen GmbH – Aufzugsbau

Form und Farbe Gebele Malermeisterbetrieb Tommy Gebele e.K. – Malerarbeiten

G Gasser AG – Dachziegel

Gebr. Filgis GmbH & Co. KG – Generalunternehmer

Gerüstbau Wucher GmbH – Gerüstbau

gipp Estrich GmbH – Estricharbeiten

Glas Trösch Holding AG – Fassadenbau

Güthler Glasfassaden GmbH – Fassadenbau

g+h Projektplan GmbH & Co. KG – Planungsbüro

H haascookzemmrich STUDIO2050 – Architekturbüro

Hannes Palmer – Gastroplanung

Hans Steidele GmbH – Transportbeton

Hartmann Toranlagen GmbH – Bauelemente

Häusler Funksysteme GmbH – Feuerwehrfunktechnik

HEINDL Lüftungstechnik GmbH – Trockenbau

Helmut Haas GmbH – Garten- und Landschaftsbau

hochkant GmbH – Spielplatzbau

hokon Treppen – Treppenbau

Holger Boos – Drucklufttechnik

Holzbau Endres GmbH & Co. KG – Holzbau

I Ingenieurbüro Schöppler Noack Neger – Brandschutzprüfung

J Jan Haft – Naturfilm

Julius Gaiser GmbH & Co. KG – Heizung/Lüftung/Sanitär

Jürgen Bischoff Garten- und Landschaftsbau GmbH – Garten- und Landschaftsbau

K Karl Holz – Projektierung Bäckerei

Karl Hudez GmbH – Zaun- und Torbau

Kaufmann GmbH & Co. Stuckateur und Trockenbau KG – Trockenbau

Khoch3 GmbH – Statik Holzwendeltreppe

Kies- und Transportbetonwerk Kolbeck e.K. – Tiefbau

KLEIN EDEN – Tropenhaus am Rennsteig – Fachplanung/Beratung Tropenhaus

Konstruktionsgruppe Bauen AG – Prüfstatik

Kottmeyer GmbH & Co. KG – Fußbodenveredelung

Kräss GlasCon GmbH – Gewächshausbau

Kurt Übele GmbH – Kunstschmiede/Metallgestaltung

L LAMILUX Heinrich Strunz Holding GmbH & Co. KG – Bauelemente

Lerchenmüller GmbH Spenglerei und Flachdachbau – Spenglerei

M Malerei Butz – Malerarbeiten

Marko Pogačnik – Geomantie

Max Wild GmbH – Tiefbau

mbe Blitzschutz Hildebrand & Binger GbR – Blitzschutz

Meinrad Kopp GmbH & Co. KG – Malerarbeiten

Metallbau Appelt GmbH – Metallbau

Michael Angerer Metallbau – Schlosserei

MINCK Elektro- und Fernmeldetechnik GmbH – Brandschutztechnik

MMS-Memminger Sicherheitsdienst GmbH – Baustellensicherheit

Möslang Sitzmöbel e.K. – Schreinerei

N Neumann Mineralöle GmbH & Co. KG – Mineralöle

IMPRESSUM

Herausgeber:
Rapunzel Naturkost GmbH
Rapunzelstraße 1, D-87764 Legau
Telefon: +49 8330 529-0,
Telefax: +49 8330 529-1188
info@rapunzel.de, www.rapunzel.de, www.rapunzelwelt.de

Konzept und Redaktion: Miriam Jenth | Gesamtkonzept Fotografie: Justina Wilhelm | Koordination: Silvana Palazzo-Hopfenzitz

Bildnachweis:
Alle Bilder © Rapunzel Naturkost: Justina Wilhelm, Daniel Munding, Laura Reinisch;
Mit Ausnahme von: S. 10/11, 12/13, 32, 33, 36, 37, 38/39: haascookzemmrich STUDIO2050;
S. 109 © LifeVisionLab, Schlieren 2015;
S. 124/125: © g+h Projektplan GmbH & Co. KG;
S. 130/131: © Transsolar Energietechnik GmbH;
S. 140/141, 142 © Paul Masukowitz/hokon Treppen;
S. 143 © hokon Treppen;
S. 166, 168/169 © designgruppe koop;
S. 180/181 © PROBAT AG; S. 187 © Peter Eberhard;
S. 192 links © Maria Falconi Borja, rechts © Dominik Eulberg/Natalie Luzenko;
S. 201 © Ramboll Studio Dreiseitl;
S. 219 © Marko Pogačnik

Skizze Vorsatz und Nachsatz: Julian Wienand, VIERPUNKT Gmbh
Buchsatz: Phantasmal Image
Korrektorat: Annerose Sieck, Lara Krüger

Adrian & Wimmelbuchverlag GmbH
Friedrichstraße 126
10117 Berlin

1. Ausgabe / 2022
ISBN: 978-3985851164

Grafisches Centrum Cuno GmbH & Co. KG
Hergestellt in Deutschland
Gedruckt auf FSC*-Papier
Nachhaltig und umweltschonend
Farben auf Pflanzenölbasis
Lösungsmittelfreier Klebstoff

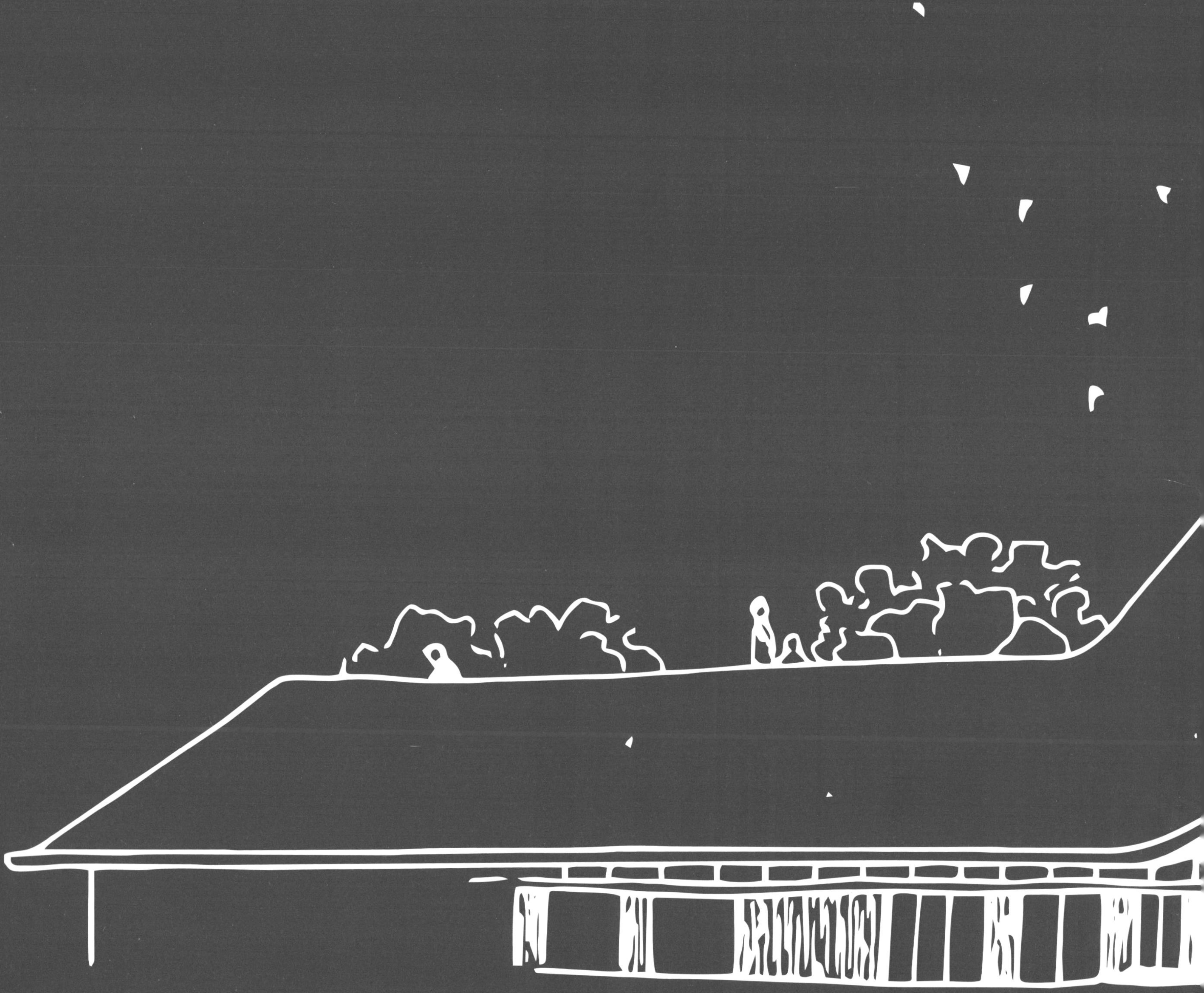